# MARCO ⊕ POLO

# Teneriffa

Reisen mit
**Insider**
**Tipps**

D0988503

Diesen Führer schrieb Sven Weniger.
Er lebt auf den Kanarischen Inseln und
hat in vielen Veröffentlichungen Land
und Leute auf Teneriffa beschrieben.

## www.marcopolo.de

Infos zu den beliebtesten Reisezielen
im Internet, siehe auch Seite 101

MAIRS GEOGRAPHISCHER VERLAG

**MARCO POLO INSIDER-TIPPS:**
Von unserem Autor für Sie entdeckt

★ **MARCO POLO HIGHLIGHTS:**
Alles, was Sie auf Teneriffa kennen sollten

⚜ **HIER HABEN SIE EINE SCHÖNE AUSSICHT**

🏃 **WO SIE JUNGE LEUTE TREFFEN**

## PREISKATEGORIEN

| Hotels | | Restaurants | |
|---|---|---|---|
| €€€ | ab 120 Euro | €€€ | ab 20 Euro |
| €€ | 70–120 Euro | €€ | 10–20 Euro |
| € | bis 70 Euro | € | bis 10 Euro |

Die Preise gelten für zwei Personen im Doppelzimmer pro Nacht mit Frühstück (Hotels) bzw. ohne Frühstück (Pensionen) bzw. pro Wohneinheit (Apartments).

Die Preise gelten für ein für das jeweilige Restaurant typische Mahlzeit mit Vorspeise und Hauptgericht, jedoch ohne Getränke.

## KARTEN

[112 A1] Seitenzahlen und Koordinaten für den Reiseatlas Teneriffa

[0] außerhalb des Kartenausschnitts

Karten zu Puerto de la Cruz und Santa Cruz de Tenerife finden Sie im hinteren Umschlag.

Zu Ihrer Orientierung sind auch die Orte mit Koordinaten versehen, die nicht im Reiseatlas eingetragen sind.

## GUT ZU WISSEN

Was piept denn da? **14** · Kanarische Spezialitäten **20**
Wohlfühlen und Genießen **38** · Besichtigungen ohne Stress **57**
Teneriffa literarisch **80** · Vom Euro zum Teuro **82**

# INHALT

DIE BESTEN MARCO POLO INSIDER-TIPPS _____ vorderer Umschlag

DIE WICHTIGSTEN MARCO POLO HIGHLIGHTS _____ 4

AUFTAKT _____ 7
Entdecken Sie Teneriffa!

Geschichtstabelle _____ 8

STICHWORTE _____ 13
Von Guanchen und Drachenbäumen

ESSEN & TRINKEN _____ 19
Gofio, mojo und bienmesabe

EINKAUFEN _____ 23
Souvenirs aus Ton und Stoff

FESTE, EVENTS UND MEHR _____ 24

DER NORDWESTEN _____ 27
Land der Gegensätze

DER NORDOSTEN _____ 45
Trubel und Einsamkeit

NATIONALPARK _____ 59
Majestätisch und unnahbar

DER SÜDOSTEN _____ 63
Tinerfeños unter sich

DER SÜDWESTEN _____ 69
Die große Badewanne

AUSFLÜGE & TOUREN _____ 85
Von der Küste in den Himmel

SPORT & AKTIVITÄTEN _____ 91
Drachenfliegen, Wandern und Surfen

MIT KINDERN REISEN _____ 95
Spaß für die ganze Familie

ANGESAGT! _____ 98

PRAKTISCHE HINWEISE _____ 99
Von Anreise bis Zoll

SPRACHFÜHRER _____ 105

REISEATLAS TENERIFFA _____ 109

KARTENLEGENDE REISEATLAS _____ 111
MARCO POLO PROGRAMM _____ 125
REGISTER _____ 126
IMPRESSUM _____ 127

BLOSS NICHT! _____ 128

# Die wichtigsten
## MARCO POLO Highlights

**Sehenswürdigkeiten, Orte und Erlebnisse,
die Sie nicht verpassen sollten**

 **Carnaval**
Der Karneval in Santa Cruz
de Tenerife steht an Pracht
dem brasilianischen in nichts
nach (Seite 24)

 **Corpus Cristi**
Aus Blumen, Meersalz und
gefärbtem Sand werden in
La Orotava an Fronleichnam
herrliche Ornamente gelegt
(Seite 25)

 **Garachico**
Im Nordwesten Teneriffas
liegt der mit schönen Kirchen
und Kolonialbauten reich
gesegnete Ort mitten auf
einer Lavazunge (Seite 27)

 **Drago Milenario**
Den »Tausendjährigen
Drachenbaum« in Icod de los
Vinos bestaunte schon Alexan-
der von Humboldt (Seite 32)

 **Casas de los Balcones**
Diese Häuser in La Orotava
sind beispielhaft für kanarische Architektur (Seite 34)

 **Cumbre Dorsal**
Von La Laguna aus führt die
schönste Autostrecke der Insel
hinauf in die einsame Welt des
Teide-Nationalparks (Seite 48)

 **Auditorio de Tenerife**
Die schneeweiße Konzerthalle
in Santa Cruz wird von einem
gewaltigen Segel überspannt
(Seite 50)

*So soll ein Strand auf den Kanaren sein: Playa de las Teresitas*

*Grünflügelara im Loro Parque*

 **Iglesia de Nuestra Señora de la Concepción**
Die älteste Kirche in Santa Cruz galt schon im 16. Jh. Seefahrern als Wahrzeichen der Stadt (Seite 50)

 **Playa de las Teresitas**
Teneriffas schönster Palmenstrand liegt nördlich der Hauptstadt Santa Cruz (Seite 55)

 **Teleférico**
Nicht auslassen darf man die Seilbahnfahrt auf den höchsten Berg Spaniens, den Teide (Seite 60)

 **Wanderungen**
Ausflüge in die Cañadas, die Vulkanwelt des Nationalparks um den Teide, sind ein unvergessliches Erlebnis (Seite 61)

 **El Médano**
Bekannt für starke Passatwinde und relaxte Bars, ziehen die Surferstrände Sportler und junge Leute aus aller Welt an (Seite 74)

*Vor El Médano bläst der Passat*

 **Playa de la Arena**
Rabenschwarzer, staubfeiner Sand auf dem kleinen Strand an der Westküste (Seite 83)

 **Loro Parque**
Der mit vielen Attraktionen gespickte Freizeitpark besitzt die weltgrößte Papageiensammlung (Seite 95)

 **Parque Las Águilas**
Im besten Freizeitpark des Inselsüdens werden auch abgerichtete Raubvögel in einer spannenden Flugshow gezeigt (Seite 97)

★ *Die Highlights sind in der Karte auf dem hinteren Umschlag eingetragen*

# Entdecken Sie Teneriffa!

**Windige Küsten, wilde Berge und lebhafte Städte, gekrönt von einem majestätischen Vulkan – das ist Teneriffa, die größte Insel der Kanaren**

*Bananenernte: Noch sind sie grün*

Nein, von seiner Faszination hat er nichts eingebüßt. Flugzeuge umkreisen ihn in respektvollem Abstand, bevor sie zur Landung auf Teneriffa ansetzen. Schon aus großer Entfernung weist er den Weg zu seiner Insel, deren Wahrzeichen er ist. Oft trennt ihn eine dichte Wolkendecke von der Welt darunter. Dort oben herrscht nur er über eine lebensfeindliche Mondlandschaft – der König der Vulkane, der Pico del Teide.

Immer hat er die Menschen beeindruckt, ja geängstigt. Noch 1909 gab es an seinem Nordhang einen Ausbruch. Schon durch die Legenden des Altertums geisterte eine Insel mit Namen *Nivaria,* die »Verschneite«, deren weiße Spitze Seefahrer von weitem sahen, ohne sie selbst entdecken zu können. Die Guanchen, die ersten Siedler Teneriffas, vermuteten hinter den Ausbrüchen des Teide den Zorn des Gottes Guayote. Kolumbus hielt Funken und Rauch, die von ihm aufstiegen, für ein böses Omen für seine erste Entdeckungsreise. Alexander von Humboldt bewunderte

*Teneriffas Grenze zum Meer bilden vielerorts schroffe Klippen*

1799, wie die ersten Sonnenstrahlen den Gipfel zum Strahlen brachten, während an der Küste noch Dunkelheit herrschte. Auf dem mit 3718 m höchsten Berg Spaniens beginnt und endet der kanarische Tag. Und es ist bei seiner Höhe auch nicht ungewöhnlich, dass er im Winter schneebedeckt ist – trotz der südlichen Lage der Kanaren.

Teneriffa, die mit 2034 km² größte und vielfältigste der sieben »Inseln des ewigen Frühlings«, wie man die Kanaren schon zu Homers Zeiten nannte, begeistert durch Kontraste: Urlaub am Strand genießen; in Kiefernwäldern wandern; Wale im Atlantik beobachten; Badespaß am Tag, durchfeierte Nächte; traditionelle Feste erleben; durch moderne Shoppingcenter bummeln; seltsame Pflanzen entde-

# Geschichtstabelle

**seit 1100 v. Chr.** Während ihrer Entdeckungsfahrten entlang der afrikanischen Küste gelangen Phönizier und später Karthager auf die Kanaren

**5. Jh. v. Chr.** Vermutlich erste Besiedlung des Archipels der Kanaren durch Berberstämme aus dem Norden Afrikas

**25 v. Chr.** Der numidische König Juba II. schickt Schiffe zu den Kanarischen Inseln

**1. Jh.** Plinius der Ältere erwähnt in seiner *Naturalis historia* die Expedition Jubas II. zu einer Inselgruppe, die er »Canaria« nennt

**1344** Papst Clemens VI. ernennt den spanischen Adligen Luís de la Cerda zum König der Kanaren, ein Titel ohne Folgen, da hier noch die Altkanarier herrschen

**1479** Im Vertrag von Alcáçovas zwischen Spanien und Portugal werden die Kanaren der kastilischen Krone zugesprochen

**1494–96** Der spanische Eroberer Alonso Fernández de Lugo landet auf Teneriffa, unterwirft die Einwohner und gründet mit La Laguna die erste Siedlung

**1701** Augustinermönche gründen in La Laguna die erste Universität des Archipels

**1706** Der Vulkanausbruch der Montaña Negra zerstört große Teile der Hafenstadt Garachico und bildet im Nordwesten Teneriffas Neuland, die Isla Baja

**1797** Admiral Horatio Nelson überfällt Santa Cruz de Tenerife, wird aber zurückgeschlagen

**1799** Alexander von Humboldt besucht die Insel auf seiner Reise nach Südamerika

**1852** Königin Isabella II. verleiht den Kanaren den Status einer Freihandelszone

**Ende 19. Jh.** Durch Anbau und Export von Bananen erlebt Teneriffa einen enormen wirtschaftlichen Aufschwung

**1927** Teneriffa, La Palma, Gomera und Hierro werden zur Provinz Santa Cruz de Tenerife zusammengefasst

**1936** General Franco zettelt auf Teneriffa einen Militärputsch gegen die Regierung in Madrid an und treibt Spanien in einen dreijährigen Bürgerkrieg mit 800 000 Toten

**ab 1960** Der Wohlstand wächst, und die Insel erlebt mit Beginn des Flugtourismus einen langsamen, später dann immer steileren Aufschwung

**1982** Die Kanarischen Inseln erhalten eine Regionalverfassung und einen begrenzten Autonomiestatus

**1986** Spanien wird EU-Mitglied

**2004** Das strahlend weiße Auditorium in Santa Cruz de Tenerife wird zum neuen Wahrzeichen der Insel

cken; tauchen im Meer; klettern in Schluchten – all das ist möglich.

Bei der Ankunft fährt aber vielen erst einmal der Schreck in die Glieder. Der Süden ist rau und verdorrt. Wasser, das wird deutlich, ist ein ebenso kostbares wie seltenes Gut. Einst breiteten sich große Wälder über Teneriffa aus, sprudelten Bäche aus den Bergen herab. Die Spanier begannen Ende des 15. Jhs. mit dem Raubbau an Mensch und Natur. Erst unterwarfen sie die Guanchen, dann holzten sie Lorbeerbäume und Pinien ab, an deren langen Nadeln die Feuchtigkeit der Wolken kondensierte und zu Boden fiel. Erosion war die Folge, Teneriffas Ökosystem wurde schwer geschädigt. Heute stehen Pinienwälder nur noch im Landesinneren, Lorbeer hat im Anaga-Gebirge im Nordosten überlebt.

Andere einheimische Pflanzen hatten es besser: Die Kanarische Palme mit dickem Stamm und weit ausladender Krone trifft man überall in den Tälern; *cardón,* die Kandelaberwolfsmilch, besiedelt trockene Gegenden ebenso wie das strauchige Wolfsmilchgewächs *tabaiba* oder *tajinaste.* Der Natternkopf bringt in niederen Lagen im April weiße und im Hochland von Mai bis Juni rot-violette Dolden hervor. Dort finden sich auch *retama,* eine weiß blühende Ginsterart, und *codeso,* der gelb leuchtende Geißklee. Kakteen, Mandelbäume, Eukalyptus und sämtliche Obstbäume kamen dagegen erst mit den Eroberern ins Land, haben aber inzwischen in ihrer neuen Heimat überall Wurzeln geschlagen. Bananen,

» *Die Inseln des ewigen Frühlings begeistern durch Kontraste* «

Wein und die gesamte Blütenpracht der Ferienorte – von der Bougainvillea über den Hibiskus bis zur Geranie – existieren hingegen nur dank ständiger Bewässerung.

Die Guanchen, später auch die Europäer, siedelten bevorzugt auf dem kühlen Hochplateau von La Laguna und im Valle de la Orotava, der grünen Lunge Teneriffas. Zugute kam ihnen dabei der Nordostpassat. Beständig bestreichen die feuchten Winde den Norden Teneriffas in 700–1700 m Höhe und stauen sich am zentralen Hochland. Die Wolken regnen sich ab und geben Schatten, was die Temperatur senkt und die Vegetation mit Wasser versorgt. In dieser Region ist es stets kühler als im Süden.

*Eine imposante Felsnadel der Roques de García vor der Kulisse des Teide*

*Idyllisch liegt diese alte Finca hoch über dem Meer*

Wer dort allerdings afrikanisches Klima befürchtet – der Schwarze Kontinent liegt immerhin nur gut 300 km entfernt – wird angenehm überrascht. Vielmehr herrscht ewiger Frühling, das bedeutet milde Temperaturen – kaum über 30 Grad im Sommer, selten unter 20 Grad im Winter – jahrein, jahraus. Warmer Passat und der frische Kanarenstrom im Atlantik halten eine stete Balance. Mehrmals im Jahr taucht allerdings der *calima* auf, ein heißer, staubiger Wüstenwind, der direkt aus der Sahara herüberweht und sich für mehrere Tage wie ein Mantel über den Archipel legt. Dann steht die Luft, und das Atmen fällt schwer. Ist der Wind endlich abgezogen, bleibt eine feine Schicht Wüstensand zurück.

Die Urlaubsgebiete Los Cristianos und Playa de las Américas im Süden lassen kaum einen Urlauberwunsch offen. In nur 40 Jahren sind hier auf verkarstetem Land Apartmentanlagen, Hotels, Strände und Freizeitparks mit vollständigem touristischem Angebot entstanden – allerdings um den Preis, in einem Ausländerghetto zu wohnen. Puerto de la Cruz im Norden war dagegen schon vor 100 Jahren ein Kurbad für betuchte Engländer, die sich in dem einstigen Hafen der Handelsmetropole La Orotava einquartierten, um so dem trüben Winter daheim zu entkommen. Dort profitieren Einheimische wie Fremde vom Zusammenleben: Urlauber wohnen in einer gewachsenen Umgebung, Kanarier machen mit ihnen gute Geschäfte.

Will man aber Land und Leute wirklich kennen lernen, muss man sich tiefer auf Teneriffa einlassen. Knapp ein Drittel der 800 000 tinerfeños lebt heute in der Hauptstadt Santa Cruz de Teneriffe, in der hektischer Verkehr und Betriebsamkeit herrschen. Gut gekleidete Menschen, Shopper mit schicken Einkaufstüten und Businessleute eilen hin und her. Andererseits vergehen im Zentrum keine 100 m ohne eine legere Cafeteria oder eine gut besuchte Bar. Mittags beginnt die Siesta. Zwischen 13 und 17 Uhr passiert wenig. Doch mit dem Abklingen der Nachmittagshitze erwacht die Stadt von neuem. Dann sieht man Familien mit Kindern noch nach 22 Uhr durch die Parks flanieren, Verliebte Händchen halten und Freunde beim Bier zusammensitzen.

> **» Auf dem Land herrschen archaische Strukturen «**

Wer sich dagegen auf dem Land umschaut, den überraschen archaische Strukturen: Bauern, die ihre Esel beladen; alte Männer mit Filzhüten, die auf der Plaza den Tag verdösen; Frauen in Schwarz bei der Feldarbeit; einfache Hütten, deren Dächer von der Last der Jahrzehnte durchhängen: ein spartanisches Leben, wie es noch vor 40 Jahren auf ganz Teneriffa üblich war. Zu Beginn des 20. Jhs. wanderten Tausende Tinerfeños nach Südamerika und Kuba aus, um dem Hunger in der Heimat zu entfliehen. Wer Teneriffa bereist, entdeckt beide Gesichter. Sie machen deutlich, welchen Wandel die Insel durchläuft. Nicht immer ohne Brüche, wie hohe Jugendarbeitslosigkeit und Spannungen zwischen den Generationen zeigen. Aber auch unumkehrbar, das bezweifelt hier niemand. Im Gegenteil. Wer eines der traditionellen Feste mit typischen Trachten erlebt, deren Motor dieselben jungen Leute sind, die während der Woche in Ämtern und Firmen an ihrer Karriere arbeiten, ist davon überzeugt, dass Teneriffa auch den Sprung ins 21. Jh. mit kanarischer Leichtigkeit gemeistert hat.

## Die MARCO POLO Bitte

Marco Polo war der erste Weltreisende. Er reiste in friedlicher Absicht, verband Ost und West. Er wollte die Welt entdecken, fremde Kulturen kennen lernen, nicht zerstören. Könnte er heute für uns Reisende nicht Vorbild sein? Aufgeschlossen und friedlich sollte unsere Haltung auf Reisen sein. Dazu gehören auch Respekt vor Mensch und Tier und die Bewahrung der Umwelt.

# Von Guanchen und Drachenbäumen

**Teneriffa hat viel mehr als nur Sonne, Strände und den Pico del Teide zu bieten**

## Architektur

Kennzeichnend für die kanarische Architektur ist die großzügige Verarbeitung einheimischer Hölzer innen und außen. Kunstvoll geschnitzte Balkone, Erker, Arkaden und Treppen finden sich an den Fassaden vieler traditioneller Gebäude. Engmaschig vergitterte Fensterläden lassen Luft, aber keine Sonne ins Haus und wirken wie eine Klimaanlage. Dagegen sind die kalkweißen Fassaden auffallend schlicht. Aus Vulkansteinquadern gemauerte, unverputzte Hausecken und blassrote Ziegeldächer setzen klare Kontraste. Im Zentrum eines Hauses liegt der *patio,* ein Innenhof, der auf mehreren Ebenen und über Arkadengänge direkten Zugang zu allen Räumen bietet. Oft ist er üppig bepflanzt, manchmal sogar mit einem Brunnen ausgestattet und bildet eine kühle, grüne Oase im warmen Kanarenklima. Besondere Beispiele für kanarische Architektur finden Sie in La Orotava und La Laguna. Kirchen und Herrenhäuser haben im Innern oft raffiniert geschnitzte und fein bemalte Holzdecken im maurisch inspirier-

*Drachenbäume wie dieses herrliche Exemplar werden bis zu 20 m hoch*

ten Mudéjar-Stil. Außen herrscht klassischer Kolonialstil vor: weiße Fassaden, aus Naturstein gesetzte Fassungen der Fenster und Türen und wuchtige, oft verzierte Portale. Teneriffas am besten erhaltenes Bergdorf ist Masca, dessen einfache Häuser in Trockenbauweise, also ohne Mörtel, errichtet sind.

## Carnaval

Kein Blick fällt auf Teneriffa, wenn alljährlich die Bilder des brasilianischen Karnevals über deutsche Fernsehbildschirme flimmern. Dabei kann sich das überschäumende Spektakel auf der Kanareninsel in jeder Hinsicht mit Rios Sambasause messen. Monatelang laufen die Vorbereitungen für die wilden Wochen im Februar und März. Es werden *carrozas,* Festwagen, gebaut und dekoriert, Kostüme geschneidert, Masken und Verkleidungen gebastelt. *Murgas,* verkleidete Spaßmachergruppen, wetteifern darum, die besten Kostüme, die frechsten Gesänge und die schrägste Musik zu machen. Während der *desfiles,* der Umzüge, ziehen sie tanzend und lärmend durch die Straßen. Oft sind Zehntausende in Santa Cruz de Tenerife unterwegs: ein wogendes Meer aus Leibern. Diesen Um-

## Was piept denn da?

### Wie der Kanarienvogel zu uns kam

Ein kleiner, unscheinbar graugrüner Girlitz von den Kanaren (Serinus canaria) ist der Ahn dieser Meistersänger. Das bunte Federkleid unserer Kanarienvögel ist Ergebnis langer Züchtung seit dem 16. Jh., als die Vögel in Europa überaus beliebt wurden. Beiden ist aber eigen, dass nur das Männchen so angenehm trällert. Auch heute sieht man in vielen Dörfern Teneriffas Dutzende Käfige vor Fenstern und auf Balkonen hängen, in denen ein Kanarienvogel sitzt. Der Kanarengirlitz kommt dagegen nur frei lebend vor. Man entdeckt ihn mit etwas Glück und Geduld meist in lichten Kiefernwäldern oberhalb von 500 m Höhe.

zügen, die im spanischen Fernsehen landesweit live übertragen werden, schließt sich jede Nacht ein *mogollón* an: Bis zum Morgengrauen tanzt man zu Latinorhythmen. So geht es tage- und wochenlang. Offizieller Höhepunkt ist die Wahl der *Reina del Carnaval.* Nicht die Schönheit der Aspirantinnen entscheidet bei der Kür zur Karnevalskönigin, sondern ihre Fähigkeit, das zentnerschwere, funkelnde Kostüm – groß wie ein Scheunentor und teuer wie ein Mittelklassewagen – mit Anmut zu tragen. Auch die Kinder haben ihren eigenen Umzug und ihre eigene Königin.

Grandioser Abschluss des *carnaval* ist der *Entierro de la Sardina,* das Begräbnis der Sardine. Noch einmal gibt es einen großartigen, farbenprächtigen Umzug, bei dem eine gewaltige Pappsardine durch die Straßen gezogen wird. Zum Schluss explodiert sie in einem Feuerwerk aus Lichtbögen, Raketen und Knallkörpern. An allen Aktivitäten können Urlauber teilhaben, Informationen und Daten erfahren Sie in den Touristenbüros.

### Drago

Keine Pflanze hat die Phantasie der Kanarier so beflügelt wie der Drachenbaum. Dieser Verwandte der Yucca, der zur Gattung der Liliengewächse gehört, ist jenseits der makronesischen Inselwelt (Kanaren, Madeira, Azoren, Kapverden) schon vor 20 Mio. Jahren ausgestorben. Sein Bild findet sich auf Briefmarken und Münzen. Aus Holz geschnitzt und von Touristen meist unerkannt, verkaufen ihn Kunsthandwerker auf Bauernmärkten. 1799 zeichnete Alexander von Humboldt den ältesten Drago des Archipels – er steht noch heute in Icod de los Vinos und ist weit über 500 Jahre alt – und rätselte über seine Herkunft, die er irgendwo in Asien vermutete.

Den Altkanariern galt der Baum als heilig. Und auch heute noch verehren die Einheimischen ihre Drachenbäume – vor allem wegen ihres Harzes, des »Drachenbluts«, das sich an der Luft dunkelrot färbt und schon in grauer Vorzeit bei der Zubereitung von Heiltränken und Salben Verwendung fand.

## Guanchen

Viel weiß man nicht von den Ureinwohnern der Insel, deren Name so viel wie »Söhne Teneriffas« bedeutet. Sie besiedelten den Archipel ab dem 3. Jh. v. Chr. in mehreren Einwanderungswellen und entstammten wahrscheinlich hellhäutigen Berbervölkern Nordafrikas. Diese These wird durch einen Fund im Jahr 1992 gestützt: eine Steininschrift mit dem Zeichen *zanata,* das für einen Berberstamm steht. Die Guanchen waren vor allem Bauern, die von Ziegen und Schafen lebten und Gerste anbauten, aus der sie *gofio,* ihr Grundnahrungsmittel, gewannen. Regiert wurden sie von einem *mencey,* einer Art König. Als die Spanier auf die Kanaren kamen, herrschten die neun Söhne des Mencey Bezenuria, die Teneriffa unter sich aufgeteilt hatten. Ihre überlebensgroßen Bronzestatuen stehen auf der Uferpromenade der Plaza Patrona de Canarias in Candelaria. Die Guanchen lebten meist in Höhlen, und dort bestatteten sie auch ihre mit viel Kunstfertigkeit mumifizierten Toten. Nachdem die Europäer die Altkanarier unterworfen, getötet oder versklavt hatten, gingen die überlebenden Ureinwohner bald in der Bevölkerung der Eroberer auf.

## Lucha Canaria

Die *lucha canaria,* den kanarischen Ringkampf, gab es schon zur Zeit der Guanchen. In einem mit Sand ausgelegten Kreis von etwa 15 m Durchmesser treten zwölf Kämpfer zweier Teams paarweise gegeneinander an. In genau festgelegter Ausgangsposition stehen sie vornübergebeugt einander zugewandt und umklammern das aufgekrempelte Hosenbein des Gegners mit der linken Hand. In dem maximal drei Minuten dauernden Kampf versuchen die *luchadores* mit verschiedenen Griffen, den Gegner zu Boden zu werfen. Wer seinen Gegner zweimal bezwingt, hat gewonnen. Die Mannschaft mit den meisten Siegen entscheidet den Wettbewerb für

*Sumo in abgespeckter Form: luchadores beim kanarischen Ringkampf*

*Die Kuppelbauten des Observatoriums am Rand des Teide-Nationalparks*

sich. Tipps und Termine für den Besuch einer *lucha canaria* gibt's in den Touristenbüros.

**Schnee**

300 km bis zur Sahara – wie kann es da schneien? Es kann, und das immer wieder. Der Teide-Nationalpark *Las Cañadas* liegt durchgehend über 2000 m hoch. Während die Bergspitze im Winter meistens eine weiße Haube trägt, sind die umliegenden Lavameere selten völlig eingeschneit. 5 Grad unter Null sind jedoch nichts Ungewöhnliches. Fällt dann Schnee, berichten die Tageszeitungen ausführlich über das Ereignis. Und am folgenden Wochenende fahren dick verpackte Kanarier hinauf und tummeln sich in der weißen Pracht.

Schnee und Eis spielten schon zur Zeit der spanischen Eroberer eine wichtige wirtschaftliche Rolle auf Teneriffa. Ein ganzer Berufsstand von Eisverkäufern, die *neveros,* lebte davon, in tagelangen gefährlichen Fußmärschen zum Teide aufzusteigen, um dann auf Lasttieren oder dem eigenen Rücken die kalte Fracht hinunter in die Dörfer zu tragen und dort zu verkaufen.

**Sternwarte**

Die sonderbaren weißen Türme am östlichen Zugang zum Teide-Nationalpark gehören zum *Observatorio del Teide,* der Sternwarte Teneriffas. Als das Kanarische Institut für Astrophysik 1964 seine Arbeit aufnahm, schien hier – fernab aller Zivilisation – die geeignete Stelle für eine freie Sicht in den Himmel zu sein. Inzwischen stören jedoch die Lichter der Ferienorte die Arbeit der Sterngucker, sodass die Astronomen das nächtliche Firmament heute von der Nachbarinsel La Palma aus beobachten. Die Wissenschaftler des Observatoriums studieren mittlerweile tagsüber die Sonne. Zur Besichtigung müssen Sie sich lange im Voraus anmelden: *Tel. 922 60 52 00, www.iac.es/ot/*

## Virgen de Candelaria

Mindestens ein Jahrhundert vor Ankunft der Spanier fanden einige Guanchen bei Candelaria eine gotische Madonnenstatue mit Kind, die vom Meer an Land gespült worden war. Die Legende erzählt, dass die ängstlichen Hirten sie mit Steinen bewerfen wollten, ihre Arme aber in der Bewegung erstarrten. Beeindruckt von den offensichtlich magischen Kräften, trugen die Altkanarier die Figur in eine Höhle und begannen, sie zu verehren. Katholischen Missionaren fiel es später nicht schwer, den Wunderglauben für sich zu nutzen und die Guanchen zu bekehren. Sie gaben der Statue den Namen Jungfrau von Candelaria und bauten ihr eine kleine Kirche. Eine Sturmflut spülte jedoch 1826 Kirche und Madonna ins Meer. Die heutige Statue schuf 1827 ein einheimischer Künstler. Ihre Gesichtsfarbe, ebenso wie die ihres gekrönten Kindes, ist beinahe so schwarz wie der Vulkansand des Strands unterhalb der Basilika.

## Wasser

Eine Insel, über der ewig die Sonne scheint, hat auch eine Kehrseite: den Mangel an Wasser. Früher gab es viele Flüsse auf Teneriffa, dichte Pinien- und Lorbeerwälder sogen die Feuchtigkeit aus den Passatwolken. Brunnen und kilometerweit in die Berge getriebene Stollen, so genannte Galerien, versorgten die Landwirtschaft. Inzwischen sind die meisten Bäume abgeholzt, viele Brunnen versiegt. In einigen Stauseen wird Regenwasser aufgefangen. Meist sind es jedoch Meerwasserentsalzungsanlagen, die die Feriengebiete versorgen, auch Brauchwasser wird recycelt. All das kostet viel Geld und Energie, die vor allem durch Verbrennung von Erdöl überaus umweltbelastend erzeugt wird. Obwohl der Tourismus nur etwa 10 Prozent des Wassers verbraucht – die Landwirtschaft ist mit gut 70 Prozent dabei –, hier die Bitte, ein gutes Beispiel zu geben: Vergeuden Sie kein Wasser!

## Wein

Der Weinbau hat eine lange Geschichte auf den Kanarischen Inseln. Bereits zu Beginn des 16. Jhs. gelangten die ersten Rebstöcke von Kreta aus nach Teneriffa. Bald schon rissen sich die europäischen Königshäuser um die Tropfen aus der schweren Malvasía-Traube, denen sogar Shakespeare Tribut zollte, indem er seinen Falstaff jubeln ließ: »Welch wunderbarer Nektar, der das Blut durchdringt und parfümiert!« Teneriffa hält die Tradition hochwertiger Weine bis heute hoch, wenn auch mittlerweile trockenere, leichtere Tropfen bevorzugt werden. Wichtigste Rebsorten sind *listán negra,* aus der ein kräftiger, erdiger Roter gekeltert wird; *negramoll,* die leichte, milde Rotweine ergibt; und *listán blanco* für aromatische, frische Weiße. Inselwein baut man in Höhen zwischen 50 und 1600 m auf fast 8200 ha Fläche und mit fünf verschiedenen Herkunftsbezeichnungen an. Die 1998er *tintos* (rot) aus Tacoronte-Acentejo bekamen im selben Jahr zwei erste Preise in nationalen Wettbewerben, ein *blanco* aus Valle de la Orotava einen zweiten Preis. Sie können Weine aus Teneriffa in jedem Supermarkt kaufen, aber auch von zu Hause aus bestellen. Informationen gibt es auch im Internet: *www.gourmets-express.com*

# Gofio, mojo und bienmesabe

**Aus Armut geboren, verbindet die kanarische Küche Schlichtheit mit Einfallsreichtum**

**G**rundnahrungsmittel auf den Kanaren war seit Jahrtausenden *gofio*, ein Mehl aus gerösteten Mais-, Hirse- oder Gerstenkörnern, in Notzeiten auch aus Grassamen. Der Anbau des Getreides war einfach und auf terrassierten Feldern auch im Gebirge möglich. Überall, wo Quellwasser durch Schluchten sprudelte, mahlten große Mühlsteine. Immer verfügbar und universell verwendbar, war das gelbe oder hellbraune Pulver ein proteinreiches, sättigendes Nahrungsmittel. Darüber hinaus nahm es beim Mischen jeden anderen Geschmack an. Die Guanchen zauberten aus *gofio* Brot ebenso wie nahrhafte Suppen. Zwar hat das Mehl heute auf Teneriffa seinen Stellenwert verloren – vor allem bei der Jugend, die mehr auf Fastfood steht. Doch gibt es ihn, gerade auf dem Lande, noch immer selbstverständlich zu vielen Speisen. Wer *gofio escaldado,* mit Gofiomehl angedickte *caldo* (Brühe), auf einer Speisekarte findet, sollte dies unbedingt einmal probieren. Innovative Köche guter Lokale mischen das feine Pulver inzwischen sogar zu Speiseeis und

*Zum Fisch gibt's mojo verde, papas arrugadas und Rohkost*

Bananenpüree – verwegene, aber durchaus schmackhafte Kreationen.

Sehr beliebt sind Suppen und Eintöpfe. Fast in jedem Lokal mit einheimischer Küche werden frisch zubereitete *sopas* serviert. Besonders empfehlenswert ist der *potaje canario,* eine deftige Gemüsesuppe. Alte Frauen aus den höher gelegenen Dörfern ziehen ab April auf die Bergwiesen, um die frischen Triebe der wilden Distel zu schneiden, die dann, in großen Mengen gekocht, als *potaje de cardos* eine Landfamilie viele Tage lang ernähren.

Optimale Ausschöpfung der eigenen Ressourcen war für die Tinerfeños schon immer eine Überlebensfrage. Zwar besaßen sie Schafe und Ziegen, später begann man auch, Kaninchen zu jagen. Doch blieben Fleisch und Fisch bis ins 20. Jh. hinein ein Luxus, den man sich nur selten leistete. Zum Schutz vor dem Verderben mussten tierische Nahrungsmittel vor Einführung des Kühlschranks in Salz eingelegt oder getrocknet werden. Als besondere Spezialität entwickelten die Kanarier daher ihre *adobos.* Wochen- oder gar monatelang zogen die Speisen in diesen scharfen Beizen aus Öl, Essig, Lorbeer, Kräutern, Knoblauch und Pfeffer und

# Kanarische Spezialitäten

**Lassen Sie sich diese Köstlichkeiten gut schmecken!**

**baifito en adobo** – gebratenes Zicklein, in Beize eingelegt, wird mit *papas* und Salat gegessen; ein typisches Weihnachtsessen

**bienmesabe** – zäher, goldbrauner Nachtisch aus Honig, Mandelpulver, Eigelb und Zitrone, der so mundet, wie er übersetzt heißt: »Es schmeckt mir gut«

**caldo de pescado** – dünne Fischsuppe mit Kartoffeln und Kräutern

**carajacas** – Leber vom Kalb, Schwein oder Huhn, gestückelt und meist eingelegt in scharfem *adobo*

**cherne al cilantro** – gebratene kanarische Goldbrasse in würziger Koriandersoße

**conejo en salmorejo** – gebratenes Kaninchen in einer Beize aus Lorbeer, Knoblauch und Wein. Wird mit *papas arrugadas* und Salat serviert. Ein Weihnachtsessen

**gofio escaldado** – *gofio* mit Brühe der *caldo de pescado* zu sämigem, maisgelbem Brei angedickt, mit Kräutern und Paprika nach Geschmack

**mojo rojo** – sämige bis flüssige scharfe Tunke aus roten Peperoni, Öl, Knoblauch, Essig und Salz. Begleitet Fleischgerichte und als Vorspeise *papas arrugadas*

**mojo verde** – gleiche Zutaten wie *mojo rojo*, aber statt roten grüne Peperoni und viel Petersilie. Begleitet Fischgerichte und als Vorspeise *papas arrugadas*

**papas arrugadas** – in Salzlake gekochte, sehr stärkehaltige kanarische Kartoffeln, die immer mit ihrer schrumpeligen (spanisch: *arrugado*) Haut verzehrt werden

**pella** – brotartige Masse aus *gofio*, Wasser und Salz. Isst man, in Scheiben geschnitten, zum *sancocho canario*

**potaje canario** – kräftige Suppe aus Kichererbsen, Kartoffeln, Gemüse der Saison und Mais

**potaje de berros** – milder Kresseeintopf mit Speck, Kürbis Kartoffeln, Mais, Yams. Dazu wird *gofio* nach Geschmack eingerührt

**rancho canario** – deftiger Eintopf aus Kichererbsen, Kartoffeln, Schweinefleisch, Nudeln, Zwiebeln, Safran, Knoblauch, Paprikawurst

**ropa vieja** – »alte Kleidung« – dicker Resteeintopf aus Kichererbsen, Fleisch, Gemüse, Kartoffeln. Ein bäuerliches Essen

**sancocho canario** – in Salz eingelegter und gekochter Fisch, der mit Gemüse, *mojo* und *pella* gegessen wird

entfalteten erst danach ihren typischen Geschmack. Reste gab es keine. Das, was übrig blieb, landete früher in Gerichten mit so blumigen Namen wie *ropa vieja,* was auf Deutsch »alte Kleidung« heißt und mit charmanter Deutlichkeit auf die wiederverwendeten Ingredienzen hinweist. *Ropa vieja, puchero* und *rancho canario,* Fleisch- und Gemüseeintöpfe, werden heute natürlich alle frisch mit Schweinefleisch, Kichererbsen, Kartoffeln, Nudeln, Zwiebeln, Safran, Knoblauch und der spanischen *chorizo,* einer pikanten Paprikawurst, zubereitet und gehören zum Kräftigsten und Urigsten, was Teneriffas Küche zu bieten hat. So entwickelte sich über Generationen die kanarische Traditionsküche.

Die klassische Beilage dazu, *papas arrugadas,* wurde zum bekannten und beliebten Touristensnack. Die »verschrumpelten Kartoffeln« gibt es in jedem Lokal. Sie sind eine besondere Züchtung: klein, dunkel von außen, gelb von innen. Dazu reicht man die zweite jedermann bekannte Köstlichkeit, den *mojo.* Diese pikante Soße darf bei keinem Gericht fehlen.

Fisch und Meeresfrüchte beherrschen mittlerweile Teneriffas Speisekarten. Historisch gesehen ist das kurios, denn die Guanchen waren eher schlechte Fischer. Daher ist die Zubereitung vor allem vom Stil der spanischen Einwanderer geprägt. *A la plancha,* schlicht in heißem Olivenöl in der Pfanne gebraten, schmecken *vieja, cherne, sama, caballa* oder *bocinegro* am besten. Sie sind allesamt äußerst bissfeste kanarische Fische, die mit Salat und *mojo* ihren Geschmack besonders gut entfalten. Ebenfalls begehrt sind panierter *pulpo* und *choco,* zwei Tintenfischarten.

Auf dem Land kehren die Bauern mittags zu ihren Familien heim. Entlang der Küste versammeln sich die Arbeiter aus den Feriensiedlungen mittags in einfachen Gaststätten an den Hauptstraßen. Dort rattern die Kellner die Tagesgerichte gebetsmühlenhaft herunter, und ein Drei-Gang-Menü kostet selten über 5 Euro. Serviert wird *cocina casera,* kanarische Hausmannskost. Sie besteht aus einer bunten Mischung von Gerichten aus aller Herren Länder: Fenchel aus Andalusien, Yams aus Afrika, Safran aus der Mancha, Pudding aus England, Nudeln aus Italien und Chayote aus Venezuela. Diese Kost erinnert daran, dass die Kanaren 400 Jahre lang Drehscheibe dreier Kontinente waren. Man trinkt *Dorada* vom Fass, das leichtherbe Bier Teneriffas, oder auch schon mal eine Flasche Inselwein. Teneriffa ist der größte Weinproduzent des kanarischen Archipels, und seine Tropfen haben auch auf internationaler Bühne Erfolg.

Ein gutes Essen ohne Nachtisch ausklingen zu lassen, wäre ein sträfliches Versäumnis. Natürlich lockt ein Griff in den schier unerschöpflichen Fruchtkorb Teneriffas: Bananen, Orangen, Aprikosen und Mangos gehören zum Standardrepertoire. Exotischer wird es da schon bei Papaya, Guave und Maracuja, die ebenfalls auf der Insel geerntet werden. Beliebtes Dessert ist überdies *flan,* Karamellpudding. Höhepunkt kanarischer Süßspeisen aber ist *bienmesabe* aus Honig, Limonen oder Zitronen, Mandeln und Eiern. Abschluss jeder Mahlzeit ist ein *cortado* oder *solo* – ein Espresso mit oder ohne Milch.

# Souvenirs aus Ton und Stoff

## Das Kunsthandwerk zeichnet sich durch eine große Vielfalt an Farben und Formen aus

**D**urch La Orotavas Altstadt zu schlendern, ist wie eine Zeitreise. Herrlich gearbeitete Balkone und Arkaden künden von der Meisterschaft kanarischer Holzschnitzer. Und auch hinter den Fassaden werden die Traditionen hochgehalten. Denn in La Orotava liegt das Zentrum der *artesanía* Teneriffas. Kanarisches Kunsthandwerk geht schon auf die Zeiten der Guanchen zurück und findet seinen stärksten Ausdruck in der für den Archipel typischen Art der Töpferei. *Alfarería* – Schüsseln, Teller, Karaffen und Trinkgefäße – waren notwendige Gebrauchsgegenstände des täglichen Lebens und wurden ohne künstlerische Ambitionen hergestellt. Heute ist es gerade die Schlichtheit, die ihnen ihren besonderen Reiz verleiht. Neben La Orotava, wo im Museo de Cerámica, in vielen Galerien und Läden kanarische Töpferkunst ausgestellt und verkauft wird, ist es vor allem das Dorf Arguayo nahe Santiago del Teide, in dem die schönsten Exemplare gefertigt werden. Achten Sie beim Kauf auf Authentizität, die in Arguayo und in den staatlichen Läden von Artenerife garantiert wird.

Echte kanarische Stickereien, die eine lange Tradition auf Teneriffa haben, kosten ihren Preis. Beim *calado*, der Hohlsaumstickerei, werden aus einem fest auf einen Holzrahmen gespannten Stoff einzelne Fäden gezogen und der Rest in komplizierter Stich- und Nähtechnik miteinander verbunden. So entstehen vor allem besonders schöne Tischdecken.

Nützlich und in Handarbeit gefertigt ist auch die *cestería*. Die Korbarbeiten entstehen aus Binsen, Stroh und den Fasern der Palmblätter, die der Kunsthandwerker spleißt und miteinander verflicht.

Ein besonders hübsches Andenken sind auch die exotischen Strelitzien, die auf Teneriffa gezogen werden. Und schließlich ist für manchen sowieso das beste Souvenir ein kulinarisches. Die Kanaren bieten da eine große Auswahl: Käse von glücklichen Ziegen, den köstlichen Nachtisch *bienmesabe*, Liköre aus Palmensaft oder Bananen, Gebäck aus Inselproduktion und natürlich die eine oder andere Flasche exzellenten Inselweins, an der man zu Hause noch lange nach der Rückkehr seine Freude hat.

*Kanarische Töpferkunst: bunt bemalte Formen, aus Ton gebrannt*

23

# Feste, Events und mehr

### Tiefreligiöse Feste und ausgelassener Trubel bestimmen den Fiestakalender Teneriffas

Das ganze Jahr über findet irgendwo auf Teneriffa eine Prozession statt oder wird eines Heiligen gedacht. Anlässe dazu gibt

*Prachtvolle Kostüme: Carnaval*

es genug auf der Insel, die den Naturgewalten Meer und Vulkan stets schonungslos ausgesetzt war. Jedes Dorf hat daher seinen eigenen Schutzpatron. Ostern und landesweite katholische Feste wie Fronleichnam gleichen Wallfahrten. Auf Bauernfesten und anderen traditionellen Feiern geben prächtig geschmückte Ochsenkarren den Ton an. Es wird ausgelassen gefeiert, zum Tanz aufgespielt und geschlemmt. Moderne Festivals und Events wie Musik- und Ballettabende in Santa Cruz, Rock- und Folkfestivals in La Laguna zeigen, dass die Insel

international Anschluss hält. Und der alljährliche Karneval ist der abgefahrenste nördlich von Rio.

## Feiertage

**1. Januar** Neujahr; **6. Januar** Dreikönigstag; **19. März** Josephstag *(San José);* **März/April** Karfreitag; **1. Mai** Tag der Arbeit; **30. Mai** Tag der Kanaren *(Día de las Islas Canarias);* **Mai/Juni** Fronleichnam; **25. Juli** Jakobstag *(Santiago Apóstol);* **15. August** Mariä Himmelfahrt; **12. Oktober** Tag der Entdeckung Amerikas *(Día de la Hispanidad);* **1. November** Allerheiligen; **6. Dezember** Tag der Verfassung *(Día de la Constitución);* **8. Dezember** Mariä Empfängnis; **25. Dezember** Weihnachten

## Feste und Veranstaltungen

**Januar/Februar**
Beim *Festival de Música de Canarias* gibt es einen Monat lang – von Konzert bis Oper aus aller Welt – Kultur im Teatro Guimerá und im Auditorio in Santa Cruz de Tenerife.

**Februar/März**
Beim ★ *Carnaval* herrscht wochenlanger Fiestataumel. Seinen Höhepunkt findet er in Umzügen und Tanzfeten in Santa Cruz de Tenerife.

### März/April
Besonders in La Laguna finden
während der gesamten Karwoche
prächtige *Prozessionen* statt.
Sünder schleppen schwere Holz-
kreuze, andere rutschen auf Knien,
um ihre Demut zu bezeugen. Den
Höhepunkt bilden die schwermüti-
gen Prozessionen am Karfreitag.

### Mai
*Fiesta de San Isidro:* In Araya, Grana-
dilla, Los Realejos und La Orotava
wird rund um den 15. Mai der
Schutzheilige der Bauern gefeiert.
Die Menschen kleiden sich in Trach-
ten und spielen mit kanarischen
Instrumenten zum Tanz auf.

### Mai/Juni
Zu ★ *Corpus Cristi,* Fronleichnam,
finden besonders schöne Prozessionen in La Laguna und La Orotava
statt. Dabei werden herrliche
Teppiche aus Blumen und gefärbtem Vulkansand auf Straßen und
Plätze gezaubert.

### Juli
Am zweiten Sonntag wird in der
*Fiesta y Romería del San Benito Abad*
mit einer Wallfahrt und einem
großen Volksfest der Schutzpatron
von La Laguna geehrt.
Am 25. Juli wird der *Jakobstag* als
Volksfest in vielen Orten gefeiert.

Zu Ehren der Schutzheiligen der
Fischer, *Nuestra Señora del Carmen*,
finden am 16. Juli Bootsprozessio-
nen in Santa Cruz de Tenerife und
Puerto de la Cruz statt.

### August
★ *Romería de la Virgen de
Candelaria,* zu Ehren der Schutzheiligen Teneriffas pilgern Tausende
am 15. August nach Candelaria.
Tags darauf steigt die *Romería de
San Roque,* ein klassisches Bauern-
fest mit farbenfrohen Umzügen.
Am letzten Samstag im Monat
reißen Top-Latinobands Zehntausende beim *Son Latinos* mit
**Insider Tipp** sich, einem Openair-Marathon
auf dem Strand von Los Cristianos.

### September
Im Rahmen der *Fiestas del Cristo*
spielen die besten Folkbands der
Kanaren zwei Tage lang in La Lagu-
na beim *Festival Sabandeño.*
**Insider Tipp**

*Eins der vielen Folkloreorchester*

# Land der Gegensätze

**Alte Kulturstätten und Ferienzentren, karge Vulkanhänge und eine üppige Vegetation**

*Wichtigste Kulturpflanze: die Banane*

**N**irgendwo ist Teneriffa abwechslungsreicher als im Nordwesten. Das Valle de la Orotava ist die grüne, fruchtbare Lunge der Insel. Einst war das weite Tal Hauptsiedlungsgebiet sowohl der Guanchen als auch der Spanier. Wein, später Zuckerrohr und danach die Banane machten die Bewohner wohlhabend. Beim Anblick des Tals soll Alexander von Humboldt auf die Knie gefallen sein, um Gott für diese Schöpfung zu danken. Heute ist der Tourismus, trotz mäßiger Strände und steiler Küsten, wichtigste Einnahmequelle. Hotelbauten säumen die Küstenzone um Puerto de la Cruz, die Metropole im Norden Teneriffas. Je weiter man nach Westen fährt, desto mehr ebbt der Urlauberstrom ab. In malerischen Dörfern gehen Bauern wie eh und je dem Ackerbau nach, halten Ziegen oder kultivieren Wein, immer mit Blick auf die gewaltige Kulisse des Teide-Massivs, das sich im Süden über die Region erhebt. Hinter dem liebenswerten Ort Garachico erstreckt sich das schroffe und in weiten Teilen unbewohnte Teno-Gebirge, dessen spärliche

*Die Badelandschaft Lago de Martiánez in Puerto de la Cruz*

Dörfer noch vor wenigen Jahren weltabgeschieden im Dornröschenschlaf lagen.

## GARACHICO

**[117 D2]** ★ ◁|▷ Bei der Abfahrt aus dem Teno-Gebirge fällt der Blick auf einen der schönsten Orte der Insel: Garachico hat mit etwa 5700 Ew. einen gemütlichen, ja dörflichen Charakter. Das war nicht immer so. Bis zu seiner Zerstörung durch den Vulkanausbruch der Montaña Negra von 1706 – dessen Spuren heute noch an den Berghängen hinter Garachico zu sehen sind – war es Teneriffas führender Hafen. Doch dann wälzten sich Lavaströme auf breiter Front Richtung Nordwesten herab und formten die *Isla Baja,* die »flache Insel«, auf der

*Garachico: erbaut auf der schwarzen Lava der Montaña Negra*

neben Garachico heute auch die Orte Los Silos und Buenavista del Norte liegen. Zum Glück konnten sich die Einwohner vor dem glühenden Magma rechtzeitig in Sicherheit bringen. Sie bauten das neue Städtchen trotzig auf der eben erst erkalteten Lava wieder auf. Vor allem in der unverfälschten Altstadt mit einigen herrlichen, von den Eruptionen wie durch ein Wunder verschont gebliebenen Gebäuden spazieren die Besucher wie in einem lebendigen Museum. Auf der erhöhten Plaza de la Libertad gegenüber der Kirche steht ein Denkmal des venezolanischen Nationalhelden Simón Bolívar, dessen Großmutter einst aus Garachico in die Neue Welt auswanderte. 1980 würdigte König Juan Carlos die Wahrung des künstlerischen und historischen Erbes Garachicos seit dem Wiederaufbau mit einer Goldmedaille.

## SEHENSWERTES

### Castillo de San Miguel

Eins der wenigen Bauwerke, das die Naturkatastrophe von 1706 überstand, ist die 1575 erbaute Burg San Miguel. Einst befand sich das winzige Kastell im Besitz der Grafen von Gomera. Das massive Portal zieren mehrere Wappen. Im Innern gibt es eine kleine naturhistorische Sammlung. *Tgl. 10 bis 18 Uhr, Eintritt 1 Euro, Avenida Tomé Cano s/n*

### Convento de San Francisco

Der Konvent aus dem Jahr 1524 und seine Kirche mit hohen Holzdecken im Mudéjar-Stil und Balkonen sind die ältesten Bauwerke in Garachico. Im Klostertrakt beeindruckt der große Kreuzgang mit umlaufender Galerie und feinen Holzarbeiten, Säulen und filigranen Steinfußböden. Dort ist auch die

*Casa de la Cultura* untergebracht. Das Kulturhaus beherbergt ein Museum für Naturkunde mit Beispielen einheimischer Fauna sowie das Museum für Heimatkunde mit Drucken aus dem 17.–19. Jh. *Mo–Sa 9–19, So 9–14 Uhr, Eintritt 1 Euro, Plaza de la Libertad*

### Iglesia de Santa Ana
Die 1520 erbaute Kirche wurde nach ihrer Zerstörung 1706 wieder aufgebaut. Das klassizistische Tabernakel flankieren die beiden Heiligenfiguren der Santa Ana und des San Joaquín aus dem 18. Jh., beides Werke des großen kanarischen Bildhauers Luján Pérez.

## MUSEUM

### Museo de Arte Contemporáneo
In der Kirche des ehemaligen Klosters Santo Domingo liegt das Museum für zeitgenössische Kunst, das in wechselnden Ausstellungen vor allem spanische Kunst zeigt. *Mo–Sa 8–19, So 9–13 Uhr, Eintritt 1 Euro, Convento de Santo Domingo*

## ESSEN & TRINKEN

### Casa Gaspar
Mit Blick auf den Hafen isst man auf zwei Etagen Fleisch vom Grill und frischen Fisch, der stets nach Gewicht berechnet wird. *Mo Ruhetag, Avenida República de Venezuela 2, Tel. 922 83 00 40, €€*

### La Perla
Solide kanarische Hausmannskost in lockerer Atmosphäre wird in dem unscheinbaren Lokal serviert. *Mo Ruhetag, Calle 18 de Julio 8, Tel. 922 83 02 86, € – €€*

## EINKAUFEN

### Centro Artesanía el Limonero
Im Laden an der Hafenpromenade wird viel Kitsch angeboten, aber

## MARCO POLO Highlights
## »Der Nordwesten«

★ **Garachico**
Historische Altstadt, wilde Küste, ein kleines Kastell und nette Restaurants (Seite 27)

★ **Casas de los Balcones**
Die noblen Adelshäuser in La Orotava locken mit lieblichen Patios und authentischem Kunsthandwerk (Seite 34)

★ **San Roque**
Im Ortskern Garachicos liegt dieses edle Hotel (Seite 30)

★ **Drago Milenario**
Der älteste Drachenbaum der Welt grünt in Icod de los Vinos (Seite 32)

★ **Masca**
Im Herzen des schroffen Teno-Gebirges liegt dieses Natursteindorf (Seite 31)

★ **Casa Régulo**
In Puerto de la Cruz' Altstadt werden Gäste und Einheimische bekocht (Seite 40)

auch typische Produkte wie Käse und Wein werden verkauft. *Mo–Sa 10.30–20.30, So 11–19 Uhr, Avenida Tomé Cano s/n*

## ÜBERNACHTEN

### El Jardín

Minipension mit nur drei geräumigen Zimmern, einem Gemeinschaftsbad und rustikalem Ambiente, untergebracht in einem einfachen Stadthaus. *Calle Esteban de Ponte 8, Tel./Fax 922 83 02 45, €*

### Insider Tipp La Quinta Roja

In einem renovierten Adelssitz aus dem 17. Jh. mit herrlichem Patio liegt das charmante Landhotel. Die 20 Zimmer sind mit viel Holz erlesen gestaltet. Auf der Dachterrasse gibt es Jacuzzi und Sauna. Sehr gutes Preis-Leistungs-Verhältnis. *Glorieta de San Francisco s/n, Tel. 922 13 33 77, Fax 922 13 33 60, www.quintaroja.com, €€*

### San Roque

★ Dieses Kleinod kanarischer Hotellerie wurde in einem Herrenhaus des 17. Jhs. mit viel Liebe zum Detail eingerichtet. Die 20 Zimmer sind mit modernem Mobiliar ausgestattet. Pool und Sonnenterrasse sorgen für Urlaubsflair, ein begrünter Patio für Romantik. *Calle Estebande Ponte 32, Tel. 922 13 34 35, Fax 922 13 34 06, www.hotelsan roque.com, €€€*

## ZIELE IN DER UMGEBUNG

### Buenavista del Norte [116 B2]

Teneriffas westlichster Ort (5400 Ew.) liegt 10 km von Garachico entfernt und ist von der eindrucksvollen Berglandschaft des Teno-Massivs umgeben. Die TF 445 in Richtung Westen führt zum *Buenavista Golf*, einem zum Meer hin abschüssigen 18-Loch-Platz *(Tel. 922 12 90 34, www.tenerifegolf.es, Greenfee: 1 Runde 80 Euro)*, dann am ◖▶ *Mirador de Don Pompeyo* mit schöner Fernsicht vorbei und endet (bei Wind und Regen Erdrutschgefahr!) an der ◖▶ *Punta de Teno*, wo ein alter und ein neuer Leuchtturm nebeneinander stehen. Die Aussicht reicht an klaren Tagen bis zur Nachbarinsel La Palma.

### Macizo de Teno (Teno-Gebirge) [116 B–C 3–4]

Ähnlich wie das Anaga-Gebirge im Nordosten Teneriffas ist auch der *Macizo de Teno* im Nordwesten eine überaus schroffe, unzugängliche Bergwelt, die sich bis auf 1100 m Höhe erhebt und zu den geologisch ältesten Teilen der Insel gehört. Sie hob sich vor ungefähr 7 Mio. Jahren als eigenständiges Eiland nach Vulkanausbrüchen aus dem Meer, wird durchzogen von steil abfallenden Schluchten und ist ein für Menschen recht unwirtlicher Lebensraum. Jahrhundertelang waren die wenigen Dörfer von der Außenwelt praktisch abgeschnitten. Seit Anfang der 90er-Jahre führt eine zum Teil noch immer abenteuerliche Asphaltstraße hinein in diese Abgeschiedenheit.

Ein toller Aussichtspunkt im Teno-Gebirge ist der ◖▶ *Mirador de Cherfe* an der Strecke von Santiago del Teide nach Masca. Von dort sieht man die Küstenzonen des Nordwestens und bei klarem Wetter auch die Nachbarinseln Gomera und La Palma. Der Macizo de Teno ist heute *Parque Natural*, wird also als Naturpark geschützt.

## Masca [116 B–C4]

★ ↯ Beim Näherkommen fällt es kaum auf, das wunderschöne Dorf, das 21 km südlich von Garachico liegt. Aus dem graubraunen Fels der Umgebung schlug man Quader und errichtete daraus die Häuser der verschiedenen Ortsteile, die sich auf mehrere Hänge verteilen. Diese Architektur ist typisch für die Teno-Region, und Masca ist das beste Beispiel. Das älteste Gebäude, die *Casa de los Avinculados*, steht im Viertel La Piedra. Bis weit ins 20. Jh. waren alte Hirtenwege der Guanchen die einzige Verbindung Mascas mit der Außenwelt. Sie wanden sich die Berghänge entlang von Dorf zu Dorf bis nach Santiago del Teide. Erst seit fünfzehn Jahren gibt es eine Asphaltstraße. Seitdem zwängen sich täglich Touristenbusse in den Weiler, und mit der Ruhe ist es vorbei. Für ein geruhsames Kennenlernen Mascas nehmen Sie sich am besten in den Morgen- oder Abendstunden Zeit, so bleiben Sie vom Andrang der Massen verschont. Einfache Unterkunft finden Sie im *El Guanche (3 Zi., Gemeinschaftsbad, Tel./Fax 922 86 14 05, €)*. Zur Pension gehört auch ein Lokal, das kanarische Gerichte – einmal anders – vegetarisch zubereitet *(So Ruhetag, Tel. 922 86 34 24, €–€€)*. Ein spektakulärer Wanderweg windet sich den Barranco hinab zum Meer (3 Stunden).

## Santiago del Teide [116 C4]

Geografisch gehört der mit 5400 Ew. eher unscheinbare Ort zum Teno-Gebirge. Es liegt 17 km südlich von Garachico auf einem Plateau in gut 900 m Höhe. Auffallend ist allein die von mehreren weißen Kuppeln bedeckte *Pfarrkirche San*

*Einblicke in kanarische Küche und Ausblicke aufs Teno-Gebirge: Masca*

*Fernando*. Politisch sieht es anders aus. Der Ort ist nämlich Verwaltungssitz für mehrere Feriensiedlungen um Puerto de Santiago an der 10 km entfernt gelegenen Küste und daher seit Ende der 70er-Jahre zu Wohlstand gekommen. Von Santiago del Teide aus führen zwei Straßen durch das Teno-Massiv nach Norden. Beides sind außergewöhnlich schöne Autostrecken. Lohnenswert ist der Besuch des Weilers *Arguayo* südlich von Santiago. Er war einst ein wichtiges Zentrum der Töpferkunst Teneriffas. Heute wird dieses Handwerk nur noch im *Museo del Alfarero* betrieben. Das Töpfermuseum befindet sich in einer restaurierten Werkstatt. Nach traditioneller Guanchentechnik – also ohne Töpferscheibe und Werkzeuge – gearbei-

*Insider Tipp*

*Typisches Stadthaus in Los Silos*

Luz (20. Jh.) im Zuckerbäckerstil an der gemütlichen Plaza ist das wichtigste Bauwerk. Sie beherbergt eine Statue des Cristo de la Misericordia aus dem 17. Jh.

## El Tanque [117 D2–3]

2 km oberhalb von Garachico warten im *Camello Center* eine Herde Dromedare und einige Esel auf Kunden. Geboten werden Ausritte in die Umgebung. *Tgl. 10–18 Uhr, 20 Min. Dromedarritt 7,50 Euro, Esel 4 Euro, TF 82*

## Icod de los Vinos

[117 D–E 2–3] Es mag übertrieben erscheinen, einen Ort wegen eines einzigen Baums zu besuchen. Tausende tun es dennoch. Denn in Icod de los Vinos steht nicht nur ein Prachtexemplar der sagenumwobenen Dragos, sondern *der* Drachenbaum schlechthin. Der ★ *Drago Milenario* hat zwar keine 1000 Lenze auf dem Buckel, wie der Name vermuten lässt, ist aber mit einem geschätzten Alter von 600 bis 800 Jahren der älteste Drachenbaum der Erde. Mit einem Stammumfang von 12 m und einer Höhe von über 14 m ist er auch an Größe unübertroffen. Er steht erhöht mitten im Ort in einer eingefassten Anlage, dem *Parque del Drago.*

Auch Icod selbst, mit 23 000 Ew. fast schon eine Stadt, ist sehenswert. 1501 gegründet, erlangte der Ort schon bald wegen seiner fruchtbaren Weinhänge Ansehen. Noch heute zieren etliche *bodegas* die Gassen und Plätze der Altstadt, in der sich Menschen und Autoverkehr drängen. Aus Schutzgründen nicht zu besichtigen ist leider eine

tete Gegenstände werden im alten Ofen gebrannt. Die Produkte, schlichte Schüsseln, Kannen und Töpfe in Naturtönen, können Sie auch kaufen. In der Ausstellung finden Sie darüber hinaus Meisterstücke und alte Fotos aus der Blütezeit der Töpferei. *Di–Sa 10–13 und 16–19 Uhr, So 10–14 Uhr, Eintritt frei, Tel. 922 86 34 65*

## Los Silos [116 C2]

5500 Ew. leben in dem 6 km westlich von Garachico gelegenen Ort fast vollständig von der Landwirtschaft. Allerdings zeigen die ersten Apartmenthäuser an der Küste in den Siedlungen La Caleta und San José, dass man sich auch hier dem Tourismus zuwendet. Freizeitbäder direkt am Meer sind ein gelungener Ersatz für die steinigen Strände. Die *Pfarrkirche Nuestra Señora de la*

andere Attraktion Icods: die *Cueva del Viento*. Mit mehr als 14 km soll diese Höhle die zweitlängste der Erde sein – eine Vulkanröhre mit mehreren Ausgängen, die vor vielen Hundertausend Jahren entstand und eine endemische – also nur dort beheimatete – Fauna beherbergt, vor allem Insekten.

## SEHENSWERTES

### Iglesia San Marcos und Plaza de Pila

Nur einen Steinwurf vom Drago Milenario entfernt erhebt sich die im 15. Jh. errichtete Kirche *San Marcos* mit einem eindrucksvollen Renaissanceportal. Innen sind die aus kanarischer Kiefer geschnitzte Holzdecke und der mit getriebenem Silber geschmückte Barockaltar bemerkenswert. In der Schatzkammer befindet sich ein silbernes Kreuz aus Mexiko. Gleich nebenan liegt erhöht die liebliche *Plaza de Pila*, eingefasst von einem vollständig erhaltenen Ensemble alter Stadthäuser aus dem 18. Jh. Im prachtvollsten, der *Casa Museo los Cáceres*, einem Palais mit verschwenderischen Holzarbeiten, werden wechselnde Ausstellungen gezeigt.

### Mariposario del Drago

Neben dem Parque del Drago befindet sich ein *Schmetterlingshaus*, in dem Hunderte Falterarten aus aller Welt herumflattern. Außerdem zu sehen sind die verschiedenen Stadien ihrer Entwicklung. *Tgl. 9.30–18 Uhr, Eintritt 7,50 Euro, Calle Hércules 4*

### Parque del Drago

Der Park des Drachenbaums wurde in den letzten Jahren zu einem bo-tanischen Garten mit vielen endemischen Pflanzen ausgebaut. *Tgl. 10–18 Uhr, Eintritt 4 Euro.* Vom Vorplatz der San-Marcos-Kirche ist der Blick auf den Drago kostenlos.

**Insider Tipp**

## ESSEN & TRINKEN

### Carmen

Bei der Kirche San Marcos finden Sie in dem auch von Einheimischen gern besuchten rustikalen Lokal ein breites Spektrum kanarischer Spezialitäten: *potaje de berros* probieren! *Di–So 12–16 Uhr, Calle Hércules 2, Tel. 922 12 24 32, €€*

## ÜBERNACHTEN

### La Pelana

Oberhalb Icods liegt in der Zone El Amparo dieses einfache, aus Natursteinen errichtete Haus innerhalb einer eigenen Finca. Zwei Doppelzimmer, Küche, Bad, Salon mit Kamin und große Terrasse sorgen für Platz und Unabhängigkeit. *Reservierung über Aecan, Tel. 922 59 50 19, Fax 922 59 50 83, www.aecan.com, €*

## ZIELE IN DER UMGEBUNG

### La Guancha    [117 F2]

Gut 5000 Ew. hat der 10 km östlich von Icod gelegene, landwirtschaftlich geprägte Ort. Früher wegen seiner Keramikarbeiten bekannt, schätzt man heute vor allem die Weißweine aus La Guancha. Schön ist die Pfarrkirche aus dem 17. Jh.

### San Juan de la Rambla    [118 A2]

Auf halbem Weg (9 km) zwischen Icod de los Vinos und Puerto de la Cruz liegt San Juan de la Rambla

(5000 Ew.). Die lang gestreckte Siedlung befindet sich in einer Zone steiler Kliffe mit intensivem Bananenanbau. Die Plantagen reichen bis ins Dorf hinein. In Las Aguas, dem Viertel der Fischer, gibt es ein schönes Meerwasserschwimmbad. Das ◖◗ Restaurant *Las Aguas* liegt in einem flachen, robusten Landhaus malerisch über der Promenade. Meeresfrüchte sind eine der Spezialitäten. *Mo Ruhetag, Calle La Destila 20, Tel. 922 36 04 28, €€*

**San Marcos** [117 E2]
Die bei Einheimischen sehr beliebte und bei Urlaubern kaum bekannte *Playa de San Marcos* liegt in einer Felsenbucht 2 km nördlich von Icod de los Vinos. Die 100 m pechschwarzen Vulkansands sind während der Woche wie ausgestorben, füllen sich aber samstags und sonntags mit Hunderten Einheimischer, die hier baden, in Apartments das Wochenende verbringen und die kleinen Fischlokale bevölkern. Eines der besten ist ◖◗ *Casa María – Casa Cira* an der Promenade mit Blick auf Meer und Strand. Fragen Sie nach dem Fisch des Tages! *Tgl., Tel. 922 81 05 33, € – €€*

## LA OROTAVA

[118 C2] Edle Adelshäuser zieren die steilen Gassen. Stadtpalais mit großzügigen, dunklen Holzbalkonen rahmen weiträumige Plätze ein. Schon die Guanchen wussten, warum sie sich hier ansiedelten. Mitten im üppigsten Teil des grünen Valle de la Orotava sprudelten bereits vor der Conquista muntere Flüsse aus den Bergen herab, gab die fruchtbare Erde den Menschen

Getreide und Wasser. Kein Wunder, dass die Spanier hier zu Beginn des 16. Jhs. eine herrliche Kolonialstadt errichteten – La Orotava. Sie bauten Zuckerrohr an, das sie vom Hafen Puerto de la Orotava (heute: Puerto de la Cruz) in alle Welt verschifften, und wurden wohlhabend. Erdbeben zerstörten zwar 1704/05 große Teile der Stadt, sie wurde aber sofort wieder aufgebaut. So präsentiert sich der historische Kern auch heute noch weitgehend intakt und von architektonischen Missgriffen der Neuzeit verschont. Er wird als Teil des europäischen Kulturerbes geschützt. Tourismus beschränkt sich in La Orotava vor allem auf Tagesbesucher, die sich durch die Altstadt treiben lassen. Dabei herrscht in dem 40 000-Ew.-Ort durchaus reges Leben, und der Autoverkehr hat auch La Orotava fest im Griff.

### SEHENSWERTES

#### Casas de los Balcones
★ In der *Calle San Francisco* stehen sich mehrere Stadthäuser von schlichter Eleganz gegenüber. Ihre wunderbaren, für die Kanaren typischen, fein gedrechselten Holzbalkone, die wie Galerien außen an der Fassade kleben, gaben ihnen ihren Namen: *Casas de los Balcones.* Die Erste, die *Casa Fonseca,* wurde 1632 errichtet. Sie fasziniert die Besucher mit einem tropisch-grünen Patio und einem völlig mit Holz verkleideten Arkadengang im ersten Stock. In ihren Räumen befindet sich heute eine Stickereischule. Decken und Tücher, bei deren Herstellung man zuschauen kann, werden auch verkauft. 1670 wurde das ebenso schöne Nachbar-

haus, die *Casa de Franchi*, errichtet, die nun ein Dokumentationszentrum für iberoamerikanisches Kunsthandwerk beherbergt. Gegenüber steht die 1590 erbaute *Casa Molina*, ein ehemaliges Kloster, in dem einer der besten Kunsthandwerksläden der Insel zu finden ist.

## Hijuela del Botánico

Hinter dem Rathaus liegt der 4000 m² große Botanische Garten La Orotavas – 1788 auf Initiative des Grafen Villanueva del Prado eingerichtet. In der sehr gepflegten Anlage sind u. a. australische Koniferen, indische Kastanien, Feuerbäume und ein schönes Exemplar des Drachenbaums zu bewundern. *Mo–Fr 8–14 Uhr, Eintritt frei, Calle Tomás Pérez s/n*

*Nicht nur die Casas de los Balcones besitzen blumengeschmückte Patios*

## Jardines del Marquesado de la Quinta Roja

Neben der Plaza de la Constitución blüht es in der neu gestalteten Parkanlage, die sich terrassenförmig einen Hang hochzieht, in überschwänglichen Farben. *Tgl. 9–18 Uhr, Eintritt frei*

## Parroquia de la Inmaculada Concepción de la Virgen María

Die Pracht der schönen, im barocken Stil erbauten Kirche, die der Jungfrau der Unbefleckten Empfängnis geweiht ist, zeugt von der Bedeutung der Stadt. Mit dem Bau des ersten Gotteshauses an dieser Stelle begann man bereits im frühen 16. Jh., doch wurde es von den Erdbeben 1704/05 zerstört. Der jetzige Kirchenbau wurde 1788 geweiht und 1948 zum spanischen Nationaldenkmal erklärt. Zwei grazile Glockentürme rahmen die wuchtige Fassade ein. Die drei Schiffe im Innern werden durch ionische Säulen getrennt, der Altarraum wird von einer Kuppel überwölbt. Der Hochaltar aus Marmor und Jaspis, eine Genueser Arbeit von 1823, ist nur eines der vielen Kunstwerke. *Plaza Casañas s/n*

## Plaza de la Constitución

Der Platz der Verfassung mit seinem Cafépavillon in der Mitte ist das Herz La Orotavas. Er ist großzügig angelegt und immer überaus bunt mit Blumen bepflanzt. Eine ganze Reihe historischer Bauwerke umgibt ihn – die Kirche *San Agustín* z. B., ein ehemaliger Konvent aus dem Jahr 1671, und der *Liceo de Taoro*, ein rostrot gestrichener Palast, der jetzt als Kulturhaus genutzt wird. Gerühmt wird die Plaza aber wegen der Aussicht auf die Stadt, die sich darunter ausbreitet.

### Ruta de los Molinos de Agua

Vom Wasserreichtum La Orotavas profitierten noch bis weit in unsere Zeit hinein neun Wassermühlen, die ab dem 16. Jh. erbaut worden waren. Entlang der steil ansteigenden Straßen San Francisco und Doctor Domingo González García standen sie hintereinander den Berghang hinauf und mahlten *gofio,* das kanarische Grundnahrungsmittel. Verbunden waren sie durch Galerien, die das Wasser des Flüsschens Araujo von einer Mühle zur anderen transportierten. Sieben der Mühlen und Teile der Kanäle sind noch heute zu sehen. Eine der drei funktionstüchtigen – sie steht in der *Calle Doctor Domingo González García 3* und wird nun mit Strom betrieben – mahlt täglich frischen  *gofio,* den Sie direkt vor Ort kaufen können. *Mo–Fr 8–13 u. 15–19, Sa 8–13 Uhr, Beginn der Route: südlich der Casas de los Balcones*

Insider Tipp

## MUSEEN

### Museo de Artesanía Iberoamericana

In den Mauern des ehemaligen Dominikanerklosters Santo Domingo aus dem 17. Jh. befindet sich das Museum für Kunsthandwerk. Neben wechselnden Ausstellungen können Sie traditionelle Trachten, Instrumente und Kunsthandwerk aus Spanien und der Neuen Welt sehen. Ein schlichtes Meisterwerk ist der Kreuzgang des Klosters. *Mo–Fr 9.30–18, Sa 9.30–14 Uhr, Eintritt 2,10 Euro, Calle Tomás Zerolo 34*

### Museo de Cerámica Tafuriaste

In einem großen Stadthaus aus dem 19. Jh. können Sie die ganze Bandbreite der kanarischen Töpferkunst kennen lernen. Die thematischen Schwerpunkte der gut tausend Ausstellungsstücke liegen auf Wein, Küche und Vorrat. In der angeschlossenen Werkstatt schaut man dem Töpfer bei der Arbeit zu. *Mo–Sa 10–18, So 10–14 Uhr, Eintritt 2 Euro, Calle León 3*

## ESSEN & TRINKEN

### Chihuahua

Beim neuen Mexikaner wird in dem weiten Gastraum Texmex-Küche vom Grillsteak bis zu Quesadillas serviert. *Mo Ruhetag, Calle Sabino Berthelot Augier s/n, Tel. 922 32 45 23,* €€

### Sabor Canario

In dem bäuerlichen Komplex mitten in Orotava widmet man sich mit Liebe kanarischer Hausmannskost – von *rancho* bis *bienmesabe.* *So Ruhetag, Calle Carrera 17, Tel. 922 32 27 25,* € – €€

## EINKAUFEN

### Casa de los Balcones und Casa del Turista

In den Geschäften der beiden gegenüberliegenden Häuser werden neben kanarischen *calados,* Hohlsaumstickereien, auch *artesanía* wie Trachten, Keramik, Schnitzarbeiten verkauft. *Mo–Sa 9–18.30 Uhr, Calle San Fernando 3 und 4*

### Casa Torrehermosa

Die Kunsthandwerkskette *Artenerife* residiert in einem Palais aus dem 17. Jh. *Mo–Fr 9.30–14 und 15.30 bis 18 Uhr, Sa 10–13 Uhr, Calle Tomás Zerolo 27, www.artenerife. com*

## ÜBERNACHTEN

**La Paloma**

Das urige Dorfhaus im Altstadtkern wurde mit dunklen Vulkansteinen errichtet. Es ist rustikal mit viel Holz eingerichtet, hat zwei Schlafzimmer, Bad, Küche und Wohnraum und wird sehr günstig komplett für maximal drei Personen vermietet. *Calle Salazar 23, Tel. 922 32 23 51, Fax 922 32 44 91, €*

**Silene**

Die schlichte Pension bietet gemütliche Unterkunft in einem Stadthaus. Drei der vier Zimmer haben Balkon und Spitzenblick auf die Stadt. *Calle Tomás Zerolo 9, Tel./ Fax 922 33 01 99, €*

**Victoria**

In einem schönen, zweistöckigen Herrenhaus des 16. Jhs. ist dieses nette, deutsch geführte Hotel mit 14 Zimmern untergebracht. Ein gekachelter, rustikal eingerichteter Patio dient als Salon, das eigene Restaurant serviert gute Küche. *Calle Hermano Apolinar 8, Tel. 922 33 16 83, Fax 922 32 05 19, www.victoria.teneriffa.com, €€*

## AUSKUNFT

**Oficina de Turismo**

*Mo–Fr 8.30–18 Uhr, Calle Carrera 2 b, Tel. 922 32 30 41, Fax 922 33 45 12*

## ZIEL IN DER UMGEBUNG

**Aguamansa** [119 D3]

Auf halbem Weg (10 km) zwischen La Orotava und dem Parque Nacional del Teide beginnt nach dem Dorf Aguamansa dichter Kiefernwald. Grund genug, noch einmal Rast zu machen und den Blick zurück auf das Orotava-Tal zu genießen. Kurz hinter der Icona-Station, einem Haus der Nationalparkverwaltung, die auch Informationen für Wanderer bereithält, liegt linker Hand der Picknickplatz *La Caldera* in einem Vulkankrater. Von Aguamansa führen Wanderwege nach La Orotava und Los Realejos hinab.

# PUERTO DE LA CRUZ

 **Karte in der hinteren Umschlagklappe**

[118 B–C 1–2] Klotzige Hochhäuser inmitten üppiger Parkanlagen, bunte Spaßbäder, die fast unvermittelt in eine in die Jahre gekommene Hafenanlage münden, Kolonialbauten, die neben Neonbars ausharren, quirlige Shoppingmeilen, an deren Ende alte Männer auf ehrwürdigen Plazas ausruhen – all das ist Puerto de la Cruz: Stein gewordener Kampf zwischen gestern und morgen oder Beispiel für die Koexistenz von Tradition und Moderne?

Schon vor hundert Jahren entdeckten Engländer die sommerfrische Lage und das angenehme Klima für sich. Die ersten Hotels entstanden in großzügigen Gärten oberhalb des Fischerdorfs, das unter den Spaniern bis dahin vor allem als Warenumschlaghafen für Zuckerrohr und Wein aus dem Orotava-Tal gedient hatte. Die Herbergen waren so nobel wie das Hotel Taoro, das heute Sitz des Kasinos ist. Immer mehr Kanarier siedelten sich mit dem Aufschwung des Tourismus an, zu den Kurhotels gesellten sich in den letzten 30 Jahren

## Wohlfühlen und Genießen

**Streicheleinheiten für den Körper
machen die Urlaubserholung vollkommen**

Gesundheit und Therapie haben auf Teneriffa eine lange Tradition. Schon Ende des 19. Jhs. reisten reiche Engländer nach Puerto de la Cruz, um dem nasskalten Winter auf der Insel zu entfliehen und unter kanarischer Sonne ihr Zipperlein zu pflegen. Unter den Begriffen Wellness, Beauty und Therapie gibt es heute wieder ein breites Angebot, das diese Tradition aufgreift. Das *Oriental Spa Garden (Tel. 922 38 95 05, www.hotelbotanico.com)* des *Hotel Botánico* in Puerto de la Cruz legt sein Gewicht auf asiatische Heil- und Entspannungstechniken. Viele Behandlungen können Sie gegen Rezept über deutsche Privatkrankenkassen abrechnen. Das deutsch geführte *Hotel Océano* in Punta del Hidalgo *(Tel. 922 15 60 00, www.oceano.de)* geht mit Ärzten und Therapeuten bei der Behandlung von Stress, Ernährungs- und anderen Störungen einen ganzheitlich orientierten Weg. Das *Mare Nostrum Spa* in Playa de las Américas *(Tel. 922 75 75 40, www.expogrupo.com)* ist das einzige Thalassozentrum Teneriffas.

Bettenburgen und Pensionen. Die Infrastruktur von Puerto de la Cruz wird mit Dienstleistungsbetrieben und kulturellem Angebot heute den Bedürfnissen seiner 45 000 Ew. ebenso gerecht wie den Ansprüchen der vielen Hunderttausend Feriengäste. So gesehen ist das Zusammenleben tatsächlich beispielhaft. Verschaffen Sie sich am besten bei einem Spaziergang in der unübersichtlichen und mit vielen Einbahnstraßen gespickten Altstadt einen Überblick. Zwischen der Playa Martiánez im Osten und der Plaza del Charco im Zentrum finden Sie Hunderte Geschäfte und Restaurants, Plätze zum Ausruhen und hektische Aktivität, Glaspaläste ebenso wie herrliche Beispiele kolonialer Architektur. Nur die ständige Bautätigkeit in Puerto de la Cruz trübt das Erlebnis hin und wieder.

### SEHENSWERTES

#### Casa de la Real Aduana

Eins der ältesten Gebäude ist das Königliche Zollhaus. 1620 erbaut, ist es mit seinen Holzfenstern und Balkonen ein schönes Beispiel kanarischer Architektur. Die letzten Zollformalitäten wurden hier vor 150 Jahren erledigt. *Calle Las Lonjas 1*

#### Castillo San Felipe

Westlich der Innenstadt erreichen Sie nach knapp 1 km die Burg des San Felipe. Sie wurde zwischen 1630 und 1644 zur Abwehr von Piraten erbaut, hat eine imposante Kanone vor der Tür und dient heute kommunalen Kulturveranstaltungen und Ausstellungen. Von hier geht der Blick auf die Playa Jardín. *Di–Sa 11–13 und 17–20 Uhr, Eintritt frei, Paseo de Luís Lavaggi s/n*

## Ermita de San Telmo

Die kleine weiße Kapelle San Telmo liegt am Südwestende des Lidos mit Blick auf den Ozean. Seeleute errichteten sie 1780 und widmeten sie ihrem Schutzheiligen. Nach mehrmaliger Beschädigung wurde sie vor einigen Jahren komplett restauriert. *Paseo San Telmo s/n*

## Iglesia de Nuestra Señora de la Peña de Francia

Auf der erhöht liegenden Plaza de la Iglesia steht Puertos wichtigstes Gotteshaus. Der Bau wurde 1684 begonnen und 1697 fertig gestellt, der graue neoklassizistische Glockenturm allerdings erst vor 100 Jahren hinzugefügt. Eine Augenweide sind der schwer vergoldete Aufsatz des barocken Hauptaltars aus dem 18. Jh. und mehrere Heiligenstatuen, darunter die der Virgen del Rosario. *Calle Quintana s/n*

## Iglesia de San Francisco

Zwischen 1599 und 1608 errichtet, ist die Kirche San Francisco wahrscheinlich das älteste Bauwerk in Puerto de la Cruz. Einst schloss sich ihr noch ein Franziskanerkloster an. An seiner Stelle breitet sich nun der *Parque de San Francisco* aus. *Calle San Juan/Calle Quintana*

## Jardín Botánico

1790 ließ der spanische König Carlos III. den Botanischen Garten anlegen, um exotische Pflanzen aus den Tropen an das gemäßigte Klima Europas zu gewöhnen. Auf beinahe 25 000 m² Fläche gediehen Zimt- und so genannte Leberwurstbäume, Würgfeigen, Pfeffer- und Tulpenbäume, Kaffeestauden, Araukarien und vieles mehr. Der zweite Schritt des ehrgeizigen Königsplans, die Exoten auch auf dem spanischen Festland heimisch zu machen, schlug allerdings fehl. Die kühlen Winter in Madrid sagten den Wärmeliebenden nicht zu. Der Botanische Garten hat seine Bedeutung dennoch behalten und ist heute ein Zauberwald fremdartiger Gewächse. Beeindruckendstes Exemplar ist ein gewaltiger brasilianischer Gummibaum mit sagenhaftem Wurzelwerk. *Tgl. 9–18 Uhr, Eintritt 3 Euro, Calle Retama 2*

## Parque Taoro

Auf einem Plateau mit Blick auf das Meer und die Stadt wurden Ende des 19. Jhs. die ersten Nobelhotels für die meist britischen Kurgäste gebaut. 10 ha umfasst das Areal aus Gärten, Wegen, Aussichtspunkten, Wasserfällen, Brunnen, Kinderspielplatz und Restaurant. Innerhalb der Anlage mit Eingang neben dem Kasino befindet sich ein wunderschöner, in Terrassen angelegter Garten: der *Risco Bello* mit Teichen und prächtigen Blumen. *Eintritt frei, Altos de Taoro*

## Plaza del Charco

Auf dem Hauptplatz von Puerto de la Cruz, der rechteckigen *Plaza del Charco,* setzen sich die Einheimischen gern zu einem Schwätzchen in den Schatten der kanarischen Palmen und indischen Lorbeerbäume. Bemerkenswert ist der *Rincón del Puerto*, ein 1739 errichtetes Gebäude im kanarischen Stil mit Holzbalkonen und einem aufwändig bepflanzten Patio, den sich zwei Restaurants teilen.

## Puerto Pesquero

Der schmale Fischerhafen liegt der Plaza del Charco gleich gegenüber.

*Puerto de la Cruz: im Fischerhafen*

Wenn Boote einlaufen, herrscht hektische Betriebsamkeit unter den Käufern, die lauthals um die frische Ware feilschen.

### Torreón de Ventoso

Schlank wie ein Kirchturm erhebt sich das gelbe, mit grauem Vulkanstein abgesetzte Haus aus dem 18. Jh. in der Altstadt. Es wurde mit viel Aufwand restauriert. *Calle Valois s/n*

### Museo Arqueológico Municipal

Westlich der Plaza del Charco erhebt sich das Archäologische Museum der Stadt. In der interessanten Ausstellung sehen Sie altkanarische Keramiken, Guanchenmumien, Waffen und historische Landkarten. *Di–Sa 10–13 u. 17–21, So*

10–13 Uhr, Eintritt 1 Euro (Do frei), Calle del Lomo 9a

### Casa Régulo

★ In einem renovierten Stadthaus gelegen, ist das Régulo bei Einheimischen wie Urlaubern beliebt. Es erhielt mehrfach Auszeichnungen für seine phantasievolle Küche. *So Ruhetag, Calle Pérez Zamora 16, Tel. 922 38 45 06,* €€

### El Mundo Verde

*Insi Tip*

Im einzigen bio-vegetarischen Restaurant bereitet Familie Kampmann mit Liebe Gemüsepaella und andere Leckereien zu. Selbst die Blütendeko schmeckt Spitze. *Mo und Di Ruhetag, Urb. Cuacimara, Calle de las Tapias, Tel. 922 36 85 65,* €€

### Oasis Centro

Sicherlich keine Schönheit ist das lang gestreckte Lokal mit den großen Sonnenplanen. Aber auch noch spätabends isst man sehr gut, und auf der Hammondorgel werden 70er-Jahre-Hits gespielt. *Tgl., Calle San Juan 18, Tel. 922 38 23 59,* €€

### La Papaya

In dem Altstadthaus mit einem hübsch begrünten Patio wird typische Inselküche geboten. Besonders lobenswert ist die große Auswahl an Kindergerichten. *Mi Ruhetag, Calle del Lomo 10, Tel. 922 38 28 11,* €€

*Insi Tip*

### Artenerife

Direkt am Hafen liegt der aus Holz und Glas gebaute Pavillon der tinerfenischen Kunstgewerbekette.

*Mo–Fr 9.30–13. und 16–19.30 Uhr; Sa 10–13 Uhr*

## Calle Quintana

In der Fußgängerzone im Herzen der Altstadt findet sich alles – von der Gemäldegalerie bis zum Supermarkt. *Sicilia (Ecke Agustín Bethencourt)* führt Edelporzellan von Lladró, ein *Kiosk* mit deutscher Presse befindet sich in Höhe der *Plaza de la Iglesia.*

## Mercado de Flores

An der Plaza de Europa verkaufen Landfrauen in traditioneller Kleidung wochentags bis gegen Mittag frische, bunte Schnittblumen und Topfpflanzen – z. B. Strelitzien. *Mo bis Sa, Calle Santo Domingo*

## Mercado Municipal

Eine Augenweide ist sie nicht, die Markthalle aus Beton. Dennoch tobt hier tagsüber das Leben, wenn sich die Käufer zwischen Ständen mit Obst, Gemüse, Käse, Fisch und vielem anderen drängen. Am Sonntag findet hier auch ein Flohmarkt statt. *Mo–Sa 8 18, So 8–12 Uhr, Calle Blas Pérez González s/n*

## Tierra Fértil

Masken aus Afrika, Kleidung aus Indien, Balsaholzvögel aus Südamerika – Kunstgewerbe aus aller Welt führt dieses kleine Geschäft. *Calle San Juan 20*

### ÜBERNACHTEN

## Botánico

Dies ist eins der repräsentativsten Hotels Teneriffas mit eigenem Park, Seen und subtropischem Ambiente. Zwar wirken massive Architektur und viel Marmor ein wenig anachronistisch, doch sind die 250 großen, luxuriös eingerichteten Zimmer und der exquisite Service Spitze. Terrassen, Pools, Liegewiesen. Das exklusive Wellnesszentrum *Oriental Spa Garden* kann von den Gästen kostenlos genutzt werden. *Insider Tipp* *Calle Richard J. Yeoward 1, Tel. 922 38 14 00, Fax 922 38 15 04, www.hotelbotanico.com, €€€*

## Monopol

Das schöne, 250 Jahre alte Haus in kanarischem Stil liegt im Herzen der Altstadt, hat einen Patio mit Arkadengängen und einen angrenzenden Neubau. *92 Zi. (davon 35 im Altbau, die Sie bevorzugt buchen sollten!), Calle Quintana 15, Tel. 922 38 46 11, Fax 922 37 03 10, www.hotelmonopoltenerife.com, €–€€*

## Parque Tajinaste

*Insider Tipp*

Ein gelungenes Beispiel moderner kanarischer Architektur: Der Apartmentkomplex mit seinen schönen Holzarkaden und -balkonen liegt sehr ruhig in der Nähe des Botanischen Gartens. *160 Apt., Urbanización La Paz, Tel. 922 38 46 52, Fax 922 38 47 51, www.parque-tajinaste.com, €–€€*

## Régulo

In dem einfachen Familienhotel mit großer Dachterrasse wohnt man mitten im alten Stadtkern Ranilla. *14 Zi., Calle San Felipe 6, Tel. 922 38 61 61, Fax 922 37 04 20, €*

## Tigaiga Tenerife

↘↗ Etwas in die Jahre gekommenes Haus mit 83 Zimmern (unbedingt Westlage buchen!), in tollem, stillem Ambiente im Taoro-Park mit Stufengarten, Pool und Traumblick

*Badespaß an der Playa de Martiánez*

auf Teide und Meer. Eine gute Idee ist der eigene Trimmpfad. *Parque Taoro, Tel. 922 38 35 00, Fax 922 38 40 55, www.tigaiga.com, €€– €€€*

## FREIZEIT & SPORT

Die 9-Loch-Anlage *Golf La Rosaleda* liegt inmitten von Bananenpflanzungen mit Blick auf Valle de la Orotava, Teide und Meer. Eigene Golfschule. Greenfee: 1 Runde 17 Euro, 2 Runden 24 Euro. *Anfahrt: Carretera Puerto de la Cruz–Santa Úrsula, km 1 links, Tel./Fax 922 37 30 00, www.golflarosaleda.net*

Wer sich durch Puerto de la Cruz lieber per Fahrrad bewegt, kann diese für 15 Euro/Tag bzw. 40 Euro/3 Tage mieten bei *MTB Active, Calle Mazaroco 26, Tel. 922 37 60 81, www.mtb-active.com*

## STRÄNDE

**Insider Tipp** **Playa de Bollullo**
Nicht weit östlich von Puerto de la Cruz versteckt sich dieser etwa 200 m breite, pechschwarze Strand am Fuß der malerischen Steilküste. Eine kleine Strandbar ist auch vorhanden.

### Playa Jardín
200 000 m$^3$ dunklen Sands aus dem Meer waren nötig, um den Gartenstrand im Westen von Puerto de la Cruz anzulegen. Damit er nicht weggeschwemmt wird, wurde eigens ein künstliches Riff im Meer installiert. Es gibt gute Duschen und sanitäre Anlagen. Entlang der 1 km langen Playa liegen Restaurants und Cafeterias. Die üppig bunte tropische Flora verleiht dem Strand viel Charme.

### Playa de Martiánez
Der fast naturbelassene Stadtstrand von Puerto de la Cruz besteht aus 250 m groben, schwarzen Sands und wird von Vulkanfelsen durchzogen. Lediglich ein Holzsteg wurde für Spaziergänger angelegt. Traumhaft ist der Blick auf die Nordküste.

## AM ABEND

Das Vergnügungsangebot richtet sich an Urlauber jeden Alters. Gut besucht ist die *Plaza del Charco* mit Lokalen, Cafés und Eisdielen. Das *Dinámico (tgl. geöffnet)* auf dem Platz ist ein nach allen Seiten offener Pavillon mit großer Bar, vielen Tischen und guter Auswahl an Getränken und Snacks. Um die Ecke, in der winzigen, verrauchten *Taberna del Pescador (Calle Puerto Viejo 8, tgl. ab 22 Uhr)*, greifen am Wochenende lateinamerikanische Künstler zu Mikrofon und Klampfe. **Insider Tipp**

In den *Multicines Chimisay*, dem Großkino in der *Calle San Juan,* trifft man sich zu Filmen in spanischer und englischer Sprache.

Später zieht es die Nachtschwärmer in Richtung *Lago de Martiánez*. Auf der Promenade treffen sich ältere Jahrgänge zum Tanz bei gemischter Livemusik in der *Poncho Bar.* Im *Café de Paris* nebenan reicht man auf der großen Terrasse bis Mitternacht Cocktails.

Erst nach Mitternacht tobt der Bär in der 🏃 *Calle La Hoya,* dem Lieblingstreff der Jugend. Hier reihen sich einige Diskopubs aneinander: *La Gruta, La Cantina, Kusabi* und *Penny (Nr. 24–34).* Im *Las Chanclas (Nr. 62)* tanzen Einheimische zu Merengue und Salsa, etwas poppiger geht es um die Ecke im *Joy* zu *(Calle Obispo Pérez Cáceres s/n).* Richtig was los ist aber nur am Wochenende.

Etwas außerhalb liegt das *Abaco,* ein toll restaurierter Landsitz, den Sie tagsüber auch besichtigen können *(Mo–Sa 10–13 Uhr, Eintritt 6 Euro).* Abends genießt man exotische Cocktails an der Bar oder in Korbsesseln in der romantischen Gartenanlage *(Mo–Sa 20–24 Uhr, Urb. El Durazno, Calle Casa Grande, Tel. 922 37 48 11).*

Wer seine Urlaubskasse aufbessern will, hat dazu im *Casino Taoro* bei Roulette, Black Jack und einarmigen Banditen die Möglichkeit. ↙↗ Von der Promenade vor dem Kasino haben Sie abends auch einen wunderschönen Ausblick auf das nächtliche Puerto de la Cruz. *Mo–Mi u. Fr 20–4 Uhr, So u. Do 20–3 Uhr, Eintritt 3 Euro (Ausweis mitbringen!), Parque Taoro, Tel. 922 38 05 50*

## AUSKUNFT

**Oficina de Turismo**
*Mo–Fr 9–20 Uhr, Sa 9–13 Uhr, Plaza de Europa, Tel. 922 38 60 00, Fax 922 38 47 69, www.puertode lacruz.org*

## ZIELE IN DER UMGEBUNG

**Bananera El Guanche**      [118 C1]
Nicht nur Bananenstauden, auch Mangobäume, Ananas, Zuckerrohr u. v. m. können Besucher in der hübsch angelegten Pflanzung ganz aus der Nähe besichtigen. *Tgl. 9–18 Uhr, Eintritt 6,75 Euro, Carretera Puerto de la Cruz–Santa Úrsula, km 1,5*

**Pueblo Chico**      [118 C2]
Highlights (Landschaften, Architektur, Geschichte) aus dem ganzen Archipel wurden im »Kleinen Dorf« auf Miniaturformat eingedampft. *Tgl. 9–18 Uhr, Eintritt 11,50 Euro, guter Audioguide 1,50 Euro, an der TF 5, Ausfahrt 35, Valle de la Orotava, www.pueblochico.com*

**Los Realejos**      [118 A–B2]
5 km westlich von Puerto de la Cruz bildet eine Vielzahl kleinerer Siedlungen die Gemeinde Los Realejos (36 000 Ew.). Erwähnenswert vor allem, weil die Hotellerie des großen Nachbarn mittlerweile in den Ort hineinreicht. Die *Casa la Gañanía* ist ein über 100 Jahre altes Dorfhaus mit Salon, Schwimmbad, Terrasse, Patio und großem Garten *(2 Zi., Reservierung über Aecan, Tel. 922 59 50 19, Fax 922 59 50 83, www.aecan.com, €€).*

In den Gebäuden eines ehemaligen Klosters wurde *El Monasterio* eingerichtet. In der mit viel Grün gestalteten Anlage laufen Kleintiere frei herum, die Gäste können zwischen guter kanarischer Küche – tolle Grillgerichte – im distinguierten Restaurant und leichten Snacks in der Cafeteria wählen *(tgl., La Vera, Calle La Montaña s/n, Tel. 922 34 07 07, € – €€).*

# Trubel und Einsamkeit

**Vom großstädtischen Santa Cruz ist es nur ein Katzensprung in das unberührte Anaga-Gebirge**

Im Nordosten begann die neuere Geschichte Teneriffas. Hier gingen die Spanier an Land und kämpften mit den Guanchen. Sie erlitten Niederlagen und feierten Siege, die das weitere Schicksal der Insel bestimmten. Die Entwicklung der Insel wurde auch von der Geografie geprägt, weil sie nur eine eingeschränkte Besiedlung zulässt. Wie ein Rückgrat trennen die Berge der Cumbre Dorsal beide Küsten, steigen nach Südwesten immer weiter zum Teide auf und enden im Nordosten in den unwegsamen Montañas de Anaga. Ein Blick auf die Landkarte verrät, dass sich daran bis heute wenig geändert hat. Nur zwei serpentinenreiche Straßen führen in das 1000 m hohe Gebirge. In engen Schluchten und verschwiegenen Buchten leben die Bauern noch im archaischen Rhythmus eines Daseins zwischen Feldarbeit und Großfamilie. Und das direkt vor den Toren der Hauptstadt Santa Cruz de Tenerife, einer quirligen Metropole voll mediterraner Offenheit. Auf der flachsten Stelle der Cumbre Dorsal – in knapp

600 m Höhe – liegt La Laguna, die alte Kolonialresidenz von Kirche und Staat. Von hier aus wurde die fruchtbare Nordwestküste erobert und besiedelt. Teneriffas »Speisekammer« ist zugleich das größte Weinanbaugebiet der Kanaren. Darüber hinaus ist von Bananen, Orangen, Zitronen, Papayas, Mangos und Kartoffeln bis zur Blumenzucht alles vertreten. Unübersehbar sind leider auch die Auswirkungen des Tourismus. Weite Bereiche der oft malerischen Steilküste fielen dem ungezügelten Bauboom zum Opfer.

## BAJAMAR UND PUNTA DEL HIDALGO

[114 A1–2] Wer gern an seinen Nordseeurlaub von vor 40 Jahren zurückdenkt, mag sich hier wohl fühlen. Mit verschachtelten Wohnblöcken ohne Finessen ist *Bajamar* ein bei Sommerfrischlern aus La Laguna beliebter, ruhiger Ferienort. Er verfällt aber zusehends. Wegen der starken Brandung ist das Baden im Meer kaum möglich. Als Ausgleich gibt es zwei kostenlose Meerwasserbassins, deren Wasser direkt von der hereinbrandenden See ausge-

*Quirlige Metropole am Südrand der Montañas de Anaga: die Inselhauptstadt Santa Cruz*

tauscht wird. In *Punta del Hidalgo* sieht es kaum anders aus. Für Menschen, die Touristentrubel nicht mögen, können beide Orte, die im Winter wie ausgestorben wirken, eine Urlaubsalternative sein.

## ESSEN & TRINKEN

**Insider Tipp** **Bar-Restaurante Doris**
◀▶ Der deutsche Klang trügt. In dem einfachen Lokal mit großem Speisesaal werden kanarischer Fisch, Calamares und ein toller Meerblick geboten. *Di Ruhetag, am Ortseingang zu Punta del Hidalgo links, Tel. 922 15 66 16, €*

## ÜBERNACHTEN

**Insider Tipp** **Hotel Océano**
◀▶ Das renovierte Familienhotel mit Pool und Garten liegt absolut ruhig. Es hat 70 hell und komfortabel eingerichtete Zimmer sowie acht Apartments mit Kochnische, alle mit Balkon und Meerblick. Es steht unter deutscher Leitung und ist im Bereich Wellness stark engagiert. *Punta del Hidalgo, Tel. 922 15 60 00, Fax 922 15 63 52, www.oceano.de, €€*

## ZIEL IN DER UMGEBUNG

**Chinamada** [114 B2]
Die Küstenstraße endet in Punta del Hidalgo. ◀▶ Vom Aussichtspunkt am Ende genießt man einen eindrucksvollen Blick auf die Nordküste mit dem *Roque de los Dos Hermanos* (»Felsen der zwei Brüder«). Unterhalb der Kehre führt ein Wanderweg (10 km, ca. 2 Stunden) zu dem pittoresk am Hang gelegenen Höhlendorf Chinamada. Die in den Tuffstein gegrabenen Höhlen bestehen meist aus mehreren Räumen, sind außen mit gekalkten Fassaden verblendet und mit Blumentöpfen geschmückt.

# LA LAGUNA

[114 B3] Schon die Guanchen zogen die kühlere Hochebene der Küste vor. Hier hatten sie ihren Sommersitz. Kein Wunder also, dass auch die spanischen Eroberer in La Laguna eine Siedlung bauten und sie 1496 zur ersten Hauptstadt Teneriffas bestimmten. Schnell entwickelte sich der Ort auch zum geistigen Zentrum des Archipels. 1701 wurde hier die erste Universität der Kanaren gegründet. 1723 verlor man zwar die politische Macht an das aufstrebende Santa Cruz de Tenerife, mit seiner Hochschule und dem Bischofssitz ist La Laguna aber bis heute das kulturelle Herz Teneriffas geblieben, eine lebendige Stadt von 135 000 Ew. Doch auch das koloniale Erbe wird gepflegt und spiegelt sich in vielen herrlichen Bauwerken in kanarischem Stil wider, von denen einige an der *Plaza del Adelantado* liegen, dem Zentrum von La Laguna.

## SEHENSWERTES

**Catedral Santa Iglesia**
Schon 1511 stand an dieser Stelle eine Kirche. Doch das gegenwärtige, mächtige Gotteshaus datiert erst aus dem 20. Jh. Man erhielt nur die klassizistische Fassade, alles andere wurde neu errichtet. Innen sind historische Kunstwerke erhalten, darunter Holzschnitzereien des berühmten José Luján Pérez. *Plaza Fray Albino*

### Iglesia de Nuestra Señora de la Concepción

La Lagunas älteste Kirche wurde mehrmals umgebaut und vergrößert. Sehenswert sind innen die bemalten Holzdecken im vorderen und hinteren Bereich, eine prachtvoll geschnitzte Barockkanzel und ein Taufbecken, das der spanische Eroberer Alonso Fernández de Lugo aus Sevilla hierher brachte. Neben der Kirche steht ein 1697 errichteter, siebenstöckiger Glockenturm. *Unregelmäßig geöffnet, Calle del Obispo Rey Redondo s/n*

---

### MUSEEN

### Museo de la Ciencia y el Cosmos

Das Museum für Wissenschaft und Kosmos mit dem angeschlossenem Planetarium ist schon von weitem an seinem gewaltigen Radioteleskop zu erkennen, das den rostroten Bau überragt. Das Museum fesselt die Besucher mit einer Vielfalt von Möglichkeiten, interaktiv und spielerisch die komplizierten Zusammenhänge zwischen Erde, Sonne, Sonnensystem, Universum und Mensch zu begreifen. *Di–So 9–19 Uhr, Eintritt 3 Euro (Museum), 1 Euro (Planetarium), Avenida de los Menceyes 70, www.museosde tenerife.com*

### Museo de Historia de Tenerife

Neben den Schätzen im Geschichtsmuseum – historische Dokumente, Bücher, Waffen, Handwerksgerät und eine berühmte kartografische Sammlung – ist das Gebäude selbst, die *Casa de Lercaro,* bemerkenswert. 1593 erbaut, stellt sie mit ihrem einzigartigen Patio, der im oberen Stockwerk von einer geschlossenen, reich geschnitzten Holzgalerie umlaufen wird, das wohl eindrucksvollste Beispiel kanarischer Profanarchitektur dar. *Di–So 9–19 Uhr, Eintritt 3 Euro,*

---

## MARCO POLO Highlights
## »Der Nordosten«

★ **Cumbre Dorsal**
Die Gebirgstour auf dem »Rückgrat Teneriffas« führt durch fast alle Vegetationszonen der Insel (Seite 48)

★ **Iglesia de Nuestra Señora de la Concepción**
Ihre architektonische Geschlossenheit macht die Hauptkirche in Santa Cruz so sehenswert (Seite 50)

★ **Parque García Sanabria**
Einzigartiger Park in Santa Cruz mit einer Fülle tropischer Pflanzen (Seite 51)

★ **Playa de las Teresitas**
Die Strandperle zieht am Wochenende Tausende Tinerfeños an (Seite 55)

★ **Auditorio de Tenerife**
Das neue Wahrzeichen der Insel: ein architektonisches Meisterwerk (Seite 50)

Calle San Agustín 22, www.muse osdetenerife.com

## ESSEN & TRINKEN

**Acaymo**

5 km nordwestlich des Stadtzentrums liegt das Restaurant im Blockhausstil. Besonders am Wochenende wird es wegen seiner guten kanarischen Küche von den Einheimischen gern aufgesucht. *Tgl., Carretera TF 162 La Laguna–Tacoronte gegenüber der Autobahnausfahrt Guamasa, Tel. 922 63 78 40, €€*

**La Maquila**

Für seine Fleischgerichte wie *conejo en salmorejo* (Kaninchen in pikanter Beize) ist das versteckt in einer Seitengasse der Calle Herradores (zwischen den beiden Hauptkirchen) gelegene Restaurant bekannt. *Di Ruhetag, Callejón de Maquila s/n, Tel. 922 25 70 20, €€*

## ÜBERNACHTEN

**Aguere**

Zwischen den beiden Hauptkirchen liegt das kleine Hotel in einem ehemaligen Kirchengebäude. Die 21 Zimmer sind einfach und zweckmäßig ausgestattet, der schnuckelige Patio ist überdacht. *Calle del Obispo Rey Redondo 55, Tel. 922 25 94 90, Fax 922 63 16 33, €*

**Nivaria**

Direkt an der *Plaza del Adelantado* wurde das Aparthotel in einem schönen Stadthaus aus dem 18. Jh. eingerichtet. Die Innenausstattung mit viel Holz betont den kanarischen Stil. *74 Zi. u. Apt., Tel. 922 26 42 98, Fax 922 25 96 34, www.hotelnivaria.com, €€*

## FREIZEIT & SPORT

Ältester Golfclub auf Teneriffa ist *El Peñón*. Die 40 ha große 18-Loch-Anlage liegt in der Nähe des Flughafens. Greenfee: 75 Euro, Reservierungspflicht für Nichtmitglieder. *Anfahrt über die Autopista del Norte, Ausfahrt Guamasa, Tel. 922 63 66 07, Fax 922 63 64 80, www.realgolfdetenerife.com*

## ZIELE IN DER UMGEBUNG

**Cumbre**  [114 A4,
**Dorsal**  118–119 B–F 1–4]

★ Die 42 km lange Strecke auf der schmalen Gebirgskette von La Laguna zum Teide-Nationalpark ist die schönste, die Sie auf Teneriffa mit dem Auto fahren können. Durch ein Kaleidoskop von Landschaften geht es bis auf 2300 m Höhe. Westlich der alten Hauptstadt sonnen sich Kakteen, Orangenbäume und Geranien in der dürren, zersiedelten Hochebene: Bauernland, dessen Zentrum *La Esperanza* ist, ein adrettes, verschlafenes Dorf. Oberhalb beginnt der Esperanza-Wald, in dem 1936 General Franco mit seinen Getreuen die Putschpläne gegen die spanische Regierung ausheckte. Dichter Kiefernforst und hoher Eukalyptus kühlen den Boden, Farne bieten Schatten, Lorbeer- und Tannenpflanzungen sollen dem jahrhundertelangen Kahlschlag entgegentreten. Das rustikale Lokal *Las Raíces* lädt zu  schmackhafter Hausmannskost auf die schattige Terrasse mitten im Wald ein *(Mo Ruhetag, €)*.

Beim ◁▷ *Mirador Montaña Grande* in 1120 m Höhe erblicken Sie die Nachbarinsel La Palma, später auf der anderen Seite Gran Ca-

*Die Cumbre Dorsal ermöglicht manchen Ausblick auf den Pico del Teide*

naria. Oft abrupt ist der Eintritt in den Nebelwald. Am ⬧⬧ *Mirador de Ortuño* zeigt sich erstmals der im Winter schneebedeckte Gipfel des Teide. Im Sommer sind die sieben roten Feuerwachttürme, von denen einer links auftaucht, rund um die Uhr besetzt. Waldbrände – der letzte zerstörte 1998 Teile des Forsts bei Vilaflor – sind die größte Gefahr für diese Region.

In 2000 m Höhe ist die Baumgrenze erreicht. Die Felsen sind schroff, kurzstämmige Kiefern, Ginster und niedrige Sträucher trotzen den oft rauen Winden und den großen Temperaturschwankungen. Gezackte Lavagrate, schwarze, bleigraue und rote Aschefelder zeugen von den Vulkanausbrüchen der Jahrmillionen. Kurz nach den weißen Türmen des *Observatoriums* erreichen Sie das *Informationszentrum* des Nationalparks, den Eingang zur Mondlandschaft des Teide.

## Montañas de Anaga [114–115 A–E 1–2]

Nordöstlich von Santa Cruz und La Laguna steigen immer kurvenreichere Straßen in das kühle Anaga-Gebirge hinauf. Jahrmillionen lang hat in der abgelegenen Zone, die auch heute kaum besiedelt ist, der Lorbeerwald überlebt. Selbst den Spaniern, die die Wälder der Insel anfangs rücksichtslos dem Schiffbau opferten und sie später für ihre Zuckerrohrpflanzungen rodeten, waren die steilen, zum Teil nadelspitzen Höhen zu unwegsam. Immer wieder ist der Wald von bizarrer Baumheide durchsetzt, großen Bäumen, von deren Ästen lange Flechten hängen. Wie Schwämme saugen sie die Feuchtigkeit aus den in dicken Schwaden aufsteigenden, nebligen Passatwolken auf. Reißt der Dunst auf, bieten Aussichtspunkte, die *miradores*, eine tolle Fernsicht. Höchster ist mit 992 m der ◂❱▸ *Pico del Inglés*, von dem der Blick zur gewaltigen Atlantikbrandung bei Punta del Hidalgo und zum goldenen Strand Las Teresitas schweift.

Größter Ort ist *Taganana*, das in einem weit ausgreifenden Tal unterhalb der imposanten Kulisse fast 1000 m hoher Bergzinnen liegt. Vom ◂❱▸ *Mirador El Bailadero* öffnet sich ein Panoramablick auf das Städtchen, in der Sprache der Guanchen »Felsenort«. Die dreischiffige Kirche *Nuestra Señora de las Nieves* aus dem Jahr 1506 ist sehenswert. Berühmt ist das Triptychon im flämischen Stil aus der ersten Hälfte des 16. Jhs.

Beim ◂❱▸ *Mirador Cruz del Carmen* führt ein uralter Bauernpfad,  der *Llano de los Loros,* eine Stunde lang durch die urwüchsige Bergwelt. Den erklärenden Prospekt dazu gibt's gratis im *Besucherzentrum (tgl. 9.30–16 Uhr).*

## SANTA CRUZ DE TENERIFE

### ▦ Karte in der hinteren Umschlagklappe

**[114 C4]** Malerisch zieht sich die Hauptstadt Teneriffas von der Küste aus die zackigen Berge hinauf, nüchterne Hochhäuser und stattliche Kolonialbauten stehen in trauter Eintracht nebeneinander. Obwohl Santa Cruz mit 230 000 Ew. eine Hafenstadt voller Aktivität ist, spürt man keine touristische Hektik. Weite Teile der Innenstadt sind verkehrsberuhigt oder Fußgängerzonen. Straßenbars und Cafeterias sind fest in einheimischer Hand, kanarisches Laisser-faire ist an der Tagesordnung.

1494 landete der Spanier Alonso Fernández de Lugo in der Bucht und gründete die erste Siedlung. Santa Cruz stand anfangs im Schatten des 5 km landeinwärts liegenden La Laguna, seit 1723 ist es aber Regierungssitz Teneriffas. Wirtschaftlich wichtig sind für die Stadt heute der Dienstleistungssektor und vor allem die weitläufigen Hafenanlagen, in denen Güter aus aller Welt umgeschlagen werden.

## SEHENSWERTES

### Auditorio de Tenerife

★ Das neue, schneeweiße Konzerthaus ist ein gewagtes Bauwerk des Stararchitekten Santiago Calatrava. Blickfang ist der riesige, sich über die Veranstaltungssäle neigende Flügel. Hier finden Konzerte, Opernaufführungen, Ballettabende statt. *Avenida de la Constitución s/n*

### Iglesia de Nuestra Señora de la Concepción

★ Der schlanke Glockenturm der ältesten Kirche (1502) in Santa Cruz ist im typischen Kolonialstil erbaut und galt den Seefahrern lange als Wahrzeichen der Stadt. Nach einem Brand wurde das dreischiffige Gotteshaus mit den zahlreichen Seitenaltären im 17./18. Jh. mehrfach restauriert. Schlanke Vulkansteinsäulen stützen das Gebäude im Inneren, wo sich wertvolle Barockkunstwerke befinden: der Hochaltar, eine farbige Marmorkanzel, Gemälde, Gold- und Silberschätze sowie das »Kreuz der Eroberung« von 1494. *Avenida Bravo Murillo s/n*

### Iglesia de San Francisco

Ende des 17. Jhs. wurde die neben dem Museo de Bellas Artes gelegene Klosterkirche gebaut. Sehenswert im Innenraum, der auf dünnen Vulkansteinsäulen ruht, sind die beiden Altaraufsätze aus dem 17. und 18. Jh. und die im vorderen Bereich reich bemalten, fein geschnitzten Holzdecken. *Plaza San Francisco, Infos zu Konzerten in der Kirche im Tourismusbüro*

## Parque García Sanabria

★ Der Park ist nach einem Bürgermeister der Stadt benannt und einzigartig auf dem ganzen Archipel. Zahlreiche Brunnen, romantische Arkadengänge, mächtige Bäume und eine urwalddichte Bepflanzung ziehen viele Menschen an. Schade nur, dass die flächendeckende Asphaltierung der Wege den Charme des Platzes mindert. Modernistische Statuen aus Beton, oft mit Graffiti besprüht, bleiben Fremdkörper. Dennoch gehört der Park mit seinen Kinderspielplätzen zu jedem Santa-Cruz-Besuch.

## Plaza de la Candelaria

Geht direkt in die Plaza de España über. Die Fußgängerzone ist die Shoppingmeile von Santa Cruz. Auffällig die hohe Säule mit einer Figur aus Carrara-Marmor, die die *Virgen de la Candelaria* darstellt. Sie ist die Schutzheilige Teneriffas.

## Plaza de España

Hier, in unmittelbarer Nähe des Hafens, mündet die Uferpromenade, auf der jedes Jahr die prächtigsten Karnevalsumzüge der Kanarischen Inseln stattfinden. Eine alte Festung wurde abgerissen, um für das mächtige Rondell Platz zu schaffen, in dessen Mitte das *Monumento de los Caídos* an die Gefallenen des Bürgerkriegs erinnert.

*Die Kachelbänke auf der Plaza del 25 Julio sind nicht mal unbequem*

## Plaza del 25 Julio

Breitkronige Palmen rahmen die kleine Plaza ein. Der Brunnen mit den acht Wasser speienden Fröschen hat maurische Anklänge. Die 19 mit farbenfrohen Mosaiken gekachelten Bänke haben verschiedene Firmen und Institutionen gestiftet.

## Plaza del Príncipe Asturias

Ein herrlicher Platz, der nach dem Sohn des spanischen Königs benannt wurde. Alter Baumbestand und üppige Vegetation machen die Plaza zu einer subtropischen Oase inmitten der Großstadthektik.

## La Rambla

Der lange Boulevard spannt sich wie ein Bogen um die Innenstadt. Auf der breiten Promenade in der Mitte laden Kioske und Bänke unter haushohen Bäumen zum Verweilen ein. Moderne Skulpturen – unter anderem von Henry Moore und Joan Miró – bringen hohe Kunst ins tägliche Leben. Die alte Stierkampfarena auf halber Strecke wird nur noch für Sportveranstaltungen, Kinderfeste und Popkonzerte genutzt.

## Teatro Guimerá

Das Theater ist nach dem 1849 in Santa Cruz geborenen Lyriker Ángel Guimerá benannt und war schon im 19. Jh. das kulturelle Zentrum der Stadt. Damals gaben Opernensembles auf der Durchreise nach Lateinamerika hier Gastspiele. Heute findet jedes Jahr ein Festival mit klassischer Musik, Oper und Ballett statt. Das Theater wurde 1991 renoviert und innen aufwändig ausgestattet. *Plaza de la Madera, Tel. 922 60 62 65*

## MUSEEN

### Centro de Arte La Recova

In der früheren Markthalle neben dem Teatro Guimerá werden wechselnde Ausstellungen gezeigt. *Mo bis Sa 11–13 und 18–21 Uhr, Eintritt frei, Plaza de la Madera*

### Museo de Bellas Artes

Das Museum der schönen Künste im ehemaligen Franziskanerkloster enthält neben den 100 000 Bänden der Stadtbibliothek vor allem Werke kanarischer Künstler, aber auch Gemälde spanischer, holländischer und italienischer Meister. *Di–Fr 10–20, Sa/So 10–15 Uhr, Eintritt frei, Plaza del Príncipe Asturias*

### Museo Militar Regional

Dort, wo die Rambla auf die Uferpromenade Avenida de Anaga trifft, liegt der *Cuartel de Almeida*. Die Festung aus dem 19. Jh. beherbergt nicht nur die Militärverwaltung, sondern auch ein Museum. Hauptattraktion ist die Kanone *El Tigre*. Durch einen Schuss des »Tigers« soll der berühmte englische Admiral Horatio Nelson 1797 bei der Belagerung von Santa Cruz seinen rechten Arm verloren haben. Weiter befinden sich Kriegsflaggen, Waffen und Uniformen unter den Ausstellungsstücken. *Di–Sa 10 bis 14 Uhr, Eintritt frei, Calle San Isidro 1*

### Museo de la Naturaleza y el Hombre

Das 1997 eröffnete Natur- und Völkerkundemuseum wurde mit dem Archäologischen Museum zusammengelegt und im restaurierten ehemaligen *Antiguo Hospital Civil,* dem Zivilhospital, eingerichtet. In dem innen modern und hell gestalteten Haus werden audiovisuell und mit vielen Exponaten die Entstehung der Insel, ihre Flora und Fauna und die Geschichte der Guanchen dokumentiert. Prähistorische Schädel stehen fein säuberlich in Vitrinen aufgereiht. Werkzeuge, Schmuck und Gebrauchsgegenstände der altkanarischen Bevölkerung vervollständigen das Bild. *Di–So 9–19 Uhr, Eintritt 3 Euro, Calle Fuente Morales*

## ESSEN & TRINKEN

### Café del Príncipe

Ein romantischer Ort zum Speisen. Am Tag ist der grüne, schmiedeeiserne Pavillon Café und Bar für Büroleute, Bummler und Shopper, abends verwandelt er sich in ein kuscheliges Restaurant. *Mo Ruhe-*

*Farbenprächtige Früchte, knackiges Gemüse: der Stadtmarkt in Santa Cruz*

tag, Plaza del Príncipe Asturias, Tel. 922 27 88 10, €€

### El Coto de Antonio

Das unscheinbare Restaurant liegt nahe der Plaza de Toros und ist wegen seiner innovativen Küche bei Einheimischen sehr beliebt. *So abends geschl., Calle General Goded 13, Tel. 922 27 21 05, €€€*

### La Hierbita

*Insider Tipp*

🏃 In einer engen Altstadtgasse liegt das antike Haus mit mehreren hohen Räumen. Die jungen Besitzer bieten mittags eine große Karte kanarischer Speisen. Abends vor allem Tapas. *So Ruhetag, Calle Clavel 19, Tel. 922 24 46 17, €– €€*

### Ricatapa

*Insider Tipp*

🏃 Tagsüber bis spätabends ist die moderne, helle, mit viel Glas eingerichtete Tapabar Anziehungspunkt für junges Volk und jung Gebliebene. Sehr gute Tapaauswahl, freundliche Bedienung. *So Ruhetag, Parque Bulevar, Calle Puerto Escondido, Tel. 922 53 19 19, €– €€*

### EINKAUFEN

### Artenerife

Auf der Plaza de España steht der schmiedeeiserne Pavillon der staatlichen Kunsthandwerkskette, die dafür garantiert, dass alle Artikel – Keramik, Stickereien, Korb- und Webarbeiten etc. – ausschließlich in traditioneller Handarbeit hergestellt werden. *Mo–Fr 10–14 und 17–20, Sa 10–14 Uhr, www.artenerife.com*

### Mercado de Nuestra Señora de África

*Insider Tipp*

Spannend ist ein Besuch des beigen, in maurischem Stil gehaltenen Stadtmarkts von Santa Cruz. Auf dem weiten Platz und unter den Arkaden des zweistöckigen Gebäudes werden Tiere, Obst, Gemüse, Fisch, Blumen, Käse und vieles mehr verkauft. Hunderte Menschen drängen sich täglich zwischen den Ständen *(tgl. 7–15 Uhr, Calle San Sebastián s/n)*. Sonntags findet beim Mercado ein Flohmarkt mit allerlei Krimskrams statt.

### Zara
Aktuelle, preisgünstige Mode der spanischen Marke gibt es in der Fußgängerzone. *Ecke Calle del Castillo/ Teobaldo Power*

## ÜBERNACHTEN

### Contemporaneo
Erst 1998 wurde das Haus renoviert. Die Einrichtung ist modern, die Zimmer sind geräumig und freundlich. Auf dem Dachgarten stehen zwei Whirlpools und Sonnenliegen. *126 Zi., Rambla del General Franco 116, Tel. 922 27 15 71, Fax 922 27 12 23, www.hotelcontem poraneo.com, €€*

### Insider Tipp Mencey
Erstes Haus am Platz, das stilvollste der Insel und bei Touristen weitgehend unbekannt. Das alte Palais im kanarischen Baustil liegt im Zentrum, hat einen Palmengarten mit Pool und Tennisplatz, einen schönen Patio und das Verwöhnaroma eines noblen Stadthotels der Wende zum 20. Jh. Dunkles Holz dominiert in den Zimmern, die Balkone sind groß. Die lebhafte Rambla liegt vor der Haustür. *293 Zi., Avenida Dr. José Naveiras 38, Tel. 922 60 99 00, Fax 922 28 00 17, www.starwood.com, €€€*

### Taburiente
Charmant betagt ist das Hotel am Parque García Sanabria. Sofaecken, Stilkommoden und Kristallüster

vermitteln das Gefühl, bei Freunden in der guten Stube zu nächtigen. *115 Zi., Avenida Dr. José Naveiras 24a, Tel. 922 27 60 00, Fax 922 27 05 62, www..hoteltaburi ente.com, €–€€*

## AM ABEND

Bis etwa 22 Uhr flaniert man in den Fußgängerzonen um die *Plaza de España* und auf der *Rambla*. Bis 4 Uhr morgens gibt es Nightlife in den 🏃 Diskopubs und Cocktailbars an der Hafenpromenade *Avenida de Anaga*.

### El Convento
🏃 In einem ehemaligen Kloster wurden zwei riesige Säle in Dancefloors mit Disko- und Latinomusik umgestaltet. Das Ambiente oszilliert zwischen Klause, Gruft und Dekadenz, die Mischung aus harten Rhythmen, violetter Beleuchtung und Klosterdekoration ist überaus schräg. Am Wochenende erst ab 2 Uhr voll. *Do–So 23–3 Uhr, Fr/Sa bis 7 Uhr, Avenida 3 de Mayo 73*

### Kharma
Wer's sucht, ist hier richtig. Wer's schon hat, auch. In der modernen Großdisko mit den Vishnu-Statuen am Eingang wird von Fun-Pop bis Psychedelic alles geboten, was die Laune aufhellt. *Do–So ab 23 Uhr, Avenida 3 de Mayo 75*

### Tuareg
Ins Tip
Die in Sahara-Farben gehaltene Teebar im Stil eines Lehmhauses mit vielen Nischen ist der neue Treffpunkt für Nachtschwärmer der Hauptstadt. *Mi–So 20–3 Uhr, Avenida de Anaga 11*

*Saharasand wurde Badestrand: Playa de las Teresitas*

**Oficina de Turismo**
*Mo–Fr 8–18 Uhr, Sa 9–13 Uhr, Plaza de España (unten links im Palacio Insular), Tel. 922 23 95 92, Fax 922 23 98 12*

**Gran Canaria**                     [0]
Für einen Tagesausflug zur Nachbarinsel (s. auch MARCO POLO Band »Gran Canaria«) nimmt man im Hafen die Katamaranfähre »Fred. Olsen Express«, die sechsmal täglich in 1 Stunde nach Agaete fährt *(hin u. zurück ab 57 Euro/Pers., PKW u. 2 Pers. ab 165 Euro, Tel. 902 10 01 07, www.fredolsen.es).*

**Playa de las Teresitas**    [115 D3]
★ Auf 1 km Länge erstrahlt der künstlich aufgeschüttete Strand in blendendem Goldgelb, die ange-
pflanzten Palmen werten ihn weiter auf. Damit die helle Pracht nicht gleich wieder weggewaschen wird, wurde ein Damm ins Meer hinaus gebaut. Touristen kommen selten an den kanarischsten aller Strände, 10 km nordöstlich hinter San Andrés, der sich immer am Wochenende mit Tagesbesuchern aus Santa Cruz füllt.

**San Andrés**                  [115 D3]
Bei der Suche nach einem Strand wurden die Stadtväter von Santa Cruz de Tenerife auch im 7 km nordöstlich liegenden Fischerdorf San Andrés fündig. Weil ihnen aber der vulkangraue Kieselstrand am Fuß einer steilen Schlucht nicht schön genug erschien, ließen sie 1970 ein paar Schiffsladungen feinsten Saharasands aus der damaligen spanischen Kolonie Westsahara heranschaffen. So wurde aus San Andrés ein Badeort. Während der

Woche ist es hier oft sehr ruhig. Samstags und sonntags dagegen kommen die Hauptstädter zu Tausenden.

Eine Vielzahl kleiner Restaurants, die ausgezeichnete Meeresfrüchte und Fischgerichte anbieten, hat sich in San Andrés etabliert. Einen guten Ruf haben *El Rubi* und *Marisquería Ramón (beide tgl., Calle El Dique 19 bzw. 23, €€)*, beide mit einem großen Speisesaal und Wasserbecken, aus denen der Fisch frisch auf den Tisch kommt.

## TACORONTE

**[113 E3–4]** Für alle Weinliebhaber lohnt sich ein Abstecher ins Zentrum des größten Anbaugebiets auf den Kanarischen Inseln mit etwa 22 000 Ew. Ausgedehnte Weinberge ziehen sich die fruchtbaren Hänge entlang. Dutzende *bodegas* locken Kenner zu einem Besuch.

### SEHENSWERTES

**Cristo de los Dolores**
Die lebensgroße Jesusstatue aus dem 17. Jh. steht in der Kirche des ehemaligen Augustinerklosters. Das dreischiffige Gotteshaus hat außerdem eine reich mit Silberblech beschlagene sakrale Ausstattung. *Tgl., Plaza del Cristo*

**Iglesia de Santa Catalina**
Im unteren Ortsteil und schwer zu finden ist die Pfarrkirche von 1664 mit einem Bildnis der »Virgen del Carmen«, ein Werk von Luján Pérez. Mehrere barocke Altäre und viel Blattgold prägen sie. Außerdem: Altarbilder mit reichem Silberschmuck. *Tgl., Plaza Chico*

### STRAND

**Mesa del Mar**
Südlich dieser heruntergekommenen Ferienurbanisation liegt in schöner Umgebung unterhalb der Steilküste ein 400 m breiter Sandstrand, der auf beiden Seiten von Vulkanfelsen eingefasst wird und bei Einheimischen sehr beliebt ist.

### ZIELE IN DER UMGEBUNG

**La Matanza de Acentejo** [113 D–E4]
Der Ortsname, das »Gemetzel von Acentejo«, erinnert an die denkwürdige Schlacht zwischen Guanchen und spanischen Eroberern 1494. Die Konquistadoren mussten damals im Barranco de Acentejo, gleich südlich von Tacoronte, eine vernichtende Niederlage im Kampf gegen die nur mit steinzeitlichen Waffen ausgerüsteten Insulaner hinnehmen.

**Santa Úrsula** [113 D5]
Mit 12 000 Ew. ist Santa Úrsula (12 km südwestlich von Tacoronte) etwa eineinhalbmal so groß wie La Matanza. Außer einer hübschen Plaza hat der Ort nicht viel zu bieten. Jenseits der Küstenautobahn liegt die Siedlung *La Quinta Roja* mit der Ferienanlage *La Quinta Park Suites* mit mehreren Pools, einem Garten und Sportanlagen. *300 Apt., Tel. 922 30 02 66, Fax 922 30 05 13, www.spa-club la quintapark.com, €€*

**El Sauzal** [113 E4]
In malerischer Hanglage über der Steilküste nimmt der Nachbarort von Tacoronte durch hübsche, traditionelle kanarische Architektur

für sich ein. Die 8000 Ew. widmen sich der Landwirtschaft, besonders dem Weinbau. Zwei ehrwürdige Kirchen aus dem 16. Jh., die *Iglesia de San Pedro* und die *Ermita de los Ángeles*, sind die Schmuckstücke El Sauzals.

◁|▷ Das Weinmuseum *Casa del Vino La Baranda* wurde in einem antiken Bauernhof aus dem 17. Jh. untergebracht. Von dort genießen Sie einen außergewöhnlich schönen Blick auf das Meer und den Teide. Zu sehen sind neben einer hölzernen Weinpresse und Fässern im Hof Arbeitsgeräte, Flaschen aller Jahrgänge und vieles mehr, was die lange Geschichte von Teneriffas Wein dokumentiert. *Di–Sa 10–22 Uhr, So 11–18 Uhr, Eintritt frei, www.cabtfe.es/ casa-vino*

Im ausgezeichneten *Restaurante Casa del Vino* mit Tapabar werden Ihnen typisch kanarische Kost und hervorragende Weine geboten. ◁|▷ Terrasse mit Meerblick. *Mo Ruhetag, Tel. 922 56 38 86, €€*

**Valle de Guerra**    [113 E–F 2–3]
In der Region Valle de Guerra, nördlich von Tacoronte, werden viel Wein, Obst und Gemüse an-
gebaut, aber auch Blumen gezogen. Vor der Einfahrt zum gleichnamigen Ort liegt links das *Museo de Antropología de Tenerife*. Dieses anthropologische Museum widmet sich mit Ausstellungen dem zeitgenössischen kanarischen Brauchtum und hat seinen Sitz in der schlichten *Casa de Carta*, einem Gutshof aus dem 18. Jh. *Di–So 9–19 Uhr (unzuverlässig), Eintritt 3 Euro*

**La Victoria de Acentejo**    [113 D5]
Daran, dass sich die Spanier von den Insulanern nicht auf der Nase herumtanzen ließen, erinnert 2 km weiter der Name des Nachbarorts von La Matanza: »Der Sieg von Acentejo«. Gut ein Jahr nach ihrer Niederlage kehrten nämlich die Männer mit den schillernden Rüstungen mit einem noch größeren Heer zurück. Die Altkanarier hatten der überlegenen Streitmacht nun nichts mehr entgegenzusetzen und wurden endgültig besiegt. Hauptmann Fernández de Lugo ließ zum Andenken die Kirche *Nuestra Señora de las Victorias* errichten, die noch heute steht.

## Besichtigungen ohne Stress

**Wer sich auskennt, kann Zeit und Geld sparen**

Vor geschlossenen Kirchentüren stehen, stets hohe Eintrittsgelder für die vielköpfige Familie ausgeben – dies sind Kleinigkeiten, die im Urlaub nerven können. Aber das muss nicht sein. Beherzigen Sie daher zwei Tipps: Kirchen sind, wenn nicht anders in den Kapiteln darauf hingewiesen wird, meist nur zu den Messen geöffnet, d. h. vor allem sonntags vormittags und abends. Die staatlichen Museen – und das sind die meisten – kosten sonntags keinen Eintritt.

# Majestätisch und unnahbar

**Ein Besuch in Teneriffas Nationalpark ist ein wirklich eindrucksvolles Urlaubserlebnis**

**D**er ✲ *Parque Nacional del Teide* [117 E–F 4–6, 118 A–C 4–6] wurde 1954 eingerichtet, liegt in Höhen ab 2000 m und ist mit einer Fläche von über 135 km² der größte seiner Art auf den Kanaren. Hauptbestandteil ist eine gigantische *caldera*, ein Kraterkessel namens *Las Cañadas*. Las Cañadas ist die geologische Bezeichnung für die ebenen Sedimentschichten am Fuß des Kessels. Bis vor kurzem ging man davon aus, es handele sich um zwei einst nebeneinander gelegene Einsturzkrater. Am nördlichen Rand der beiden Krater erhob sich später der gut 3000 m hohe Schlot des *Pico Viejo,* an dessen Flanke 1798 auch die letzte große Eruption stattfand. Neuere Untersuchungen legen jedoch nahe, dass sich sowohl die Cañadas als auch das Tal von La Orotava durch Erdrutsche fast unvorstellbaren Ausmaßes bildeten. 1000 km³ Landmasse glitten demnach bei der Entstehung der Cañadas ins Meer, was 20-mal dem Inhalt des Bodensees entspräche. Nachweislich entstand der Teide jedenfalls erst nach den Erdrutschen

*Ein Ausflug in den Nationalpark gehört zu den Höhepunkten einer Teneriffareise*

vor knapp 200 000 Jahren und ist damit erdgeschichtlich blutjung. Dort, wo heute die Cañadas liegen, hoben vulkanische Aktivitäten vor 7 Mio. Jahren das erste Land aus dem Meer und formten damit die Insel Teneriffa.

Der elliptische Kessel der Cañadas mit einer Fläche von 16 mal 10 km ist einer der größten Krater der Erde. Von seinem 45 km langen Rand ist nur noch der südliche Teil gut erhalten. Spätere Eruptionen begruben den Norden unter sich und füllten die *caldera* mit Millionen Tonnen Asche und Lava.

Genau das ist es, was Besucher heute im Nationalpark sehen: eine scheinbar virtuelle Welt aus bunt schillernden Aschehügeln, Ebenen, Schluchten und Geröllhalden, mal glatt poliert, mal pockennarbig und scharfkantig; gelb und weiß bei hohem Bimssteinanteil wie in der *Montaña Blanca;* rot und schwarz leuchtend durch Oxydation wie die *Montaña Mostaza;* weite Schlackefelder wie die *Lavas Negras;* erstarrte Magmaflüsse, die wie Zungen in ältere Vulkane ragen; wie von Riesen geschleuderte Felsblöcke im *Valle de las Piedras Arrancadas;* Gestein, scharfkantig wie gesprungenes schwarzes Glas wegen des hohen Obsidiananteils, in der *Montaña Rajada.*

Dazu kommt der scheinbare Mangel an Vegetation. Dieser Eindruck trügt allerdings, denn 139 Spezies haben sich den extremen Klimabedingungen in großer Höhe – starke Sonneneinstrahlung am Tag, Eiseskälte bei Nacht sowie große Trockenheit – angepasst. Gut 20 Prozent der Pflanzen sind endemisch – es gibt sie nur hier. Zu ihnen zählen der in herrlichem Rot blühende, säulenartige *tajinaste rojo* oder Teide-Natternkopf, die kleine gelbe oder weiße Teide-Margerite und das violette Teide-Veilchen. Der Pflanzenwelt ist aber nur eine kurze Blütezeit im Mai und Juni beschieden. Gering ist die Zahl der Wirbeltiere, einige Tauben, Finken und Turmfalken gehören zu den interessantesten.

Die meisten Tagesbesucher machen bei ihrer Tour durch den Parque Nacional an zwei Stellen Rast. Die ◀▶ *Roques de García* [118 A6], auch einfach nur *Los Roques* genannt, sind ein Ensemble vielfarbiger Felsnadeln. Wer ein Stück hinaufsteigt, wird mit einem phantastischen Blick hinab in den *Llano de Ucanca* belohnt, die größte Ebene der Teide-Cañadas, und auf *Los Azulejos,* eine grün schimmernde eisenhaltige Formation. Zweiter Halt ist der ◀▶ *Pico del Teide* [118 A5] selbst. 3718 m hoch ist der ebenmäßige Kegel. Sein Name leitet sich aus dem Guanchen-Wort für »Hölle« ab. Aus seinen Flanken steigen bis zu 86 Grad heiße Schwefeldämpfe auf, ein eindeutiger Beweis dafür, dass es in der Hölle noch rumort.

Mit dem ★ *Teleférico*, der Teide-Seilbahn, geht es in 10 Minuten 1200 m hinauf zur Bergstation La Rambleta in 3550 m Höhe *(tgl. 9–16 Uhr bei gutem Wetter, im Mai wegen Wartungsarbeiten meist geschlossen. Hin- und Rückfahrt 21 Euro, www.teleferico-teide.com).* In der einfachen Cafeteria können Sie sich für Spaziergänge zum Aussichtspunkt ◀▶ *La Fortaleza* und zum ◀▶ *Pico Viejo (3135 m)* stärken. Der Anstieg zur Spitze des Vulkans ist nur nach der Vorlage einer Sondergenehmigung möglich, die Sie beim *Ministerio de Medio Ambiente* erhalten *(Mo–Fr 9–14 Uhr, Calle Emilio Calzadilla 5, 4. Stock, Santa Cruz de Tenerife, Tel. 922 29 01 29, Kopie des Ausweises mitbringen).*

## ÜBERNACHTEN

### Parador Nacional [118 A6]

◀▶ Das im Chaletstil gebaute Haus der staatlichen Kette ist das höchstgelegene Hotel der Kanaren und steht inmitten der grandiosen Einsamkeit der Cañadas. Vom Hotel aus haben Sie einen phantastischen Blick auf den Teide und die Roques de García. Exzellente kanarische Küche im hauseigenen Restaurant (€€€), rustikales Ambiente, eigener Pool und das Privileg, die einzigartige Umgebung Tag und Nacht genießen zu können, machen den Aufenthalt im Parador zu etwas ganz Besonderem. *37 Zi., Las Cañadas del Teide, Tel. 922 37 48 41, Fax 922 38 23 52, www.parador.es,* €€

### Refugio de Altavista [118 A5]

Einfache Berghütte in 3270 m Höhe mit Betten für 60 Personen. Begrenzte Kochmöglichkeit für Wanderer, kein weiterer Service. Der

Aufenthalt ist nur für eine Nacht möglich und muss angemeldet werden. *Cabildo de Tenerife, Tel. 922 23 98 11, Erwachsene 12 Euro pro Bett, Kinder die Hälfte*

## WANDERUNGEN

★ ◁❙▷ Wanderausflüge in die bizarre Mondlandschaft des Nationalparks sind ein unvergessliches Erlebnis. Bergwanderer können auf etwa einem Dutzend Routen die Cañadas erlaufen oder auch den Teide zu Fuß bezwingen. Bei Start an der *Montaña Blanca* in 2200 m Höhe ersteigen Sie den Vulkan in 4–6 Stunden bis zur *Rambleta,* gute Kondition vorausgesetzt. In dieser Gegend finden Sie auch die *Huevos del Teide,* die »Teide-Eier«, riesige rundliche Brocken aus Lavagestein, die verstreut im Gelände liegen. Drei kostenlose, geführte Wanderungen zwischen 2 und 5 Stunden Länge mit Start am *Besucherzentrum* bietet die Nationalparkverwaltung an *(Mo–Fr 9–14 Uhr, vorher anmelden: Tel. 922 29 01 29).* Die anderen Touren sind für allein Wandernde ausgeschildert (Karten im Besucherzentrum).

Beachten Sie in jedem Fall, dass die Höhe den Körper stark belastet!

Vor anstrengenden Wanderungen sollten Sie sich angemessen akklimatisieren. Sonnenschutz und ausreichender Trinkwasservorrat sind wegen der großen Höhe und der Trockenheit bei allen Wanderungen unerlässlich.

## AUSKUNFT

**Centro de Visitantes**
**El Portillo** [118 B4]
Besucherzentrum in einem nachgebildeten Lavatunnel mit Schaukästen, einer Multimediainterpretation des Nationalparks und einem angrenzenden botanischen Garten, in dem Sie die Teide-Flora besichtigen können. *Tgl. 9–16 Uhr, bei El Portillo am nordöstlichen Ausgang der Cañadas*

## ZIEL IN DER UMGEBUNG

**Observatorio del Teide** [118 C4]
Die Sternwarte liegt 6 km nordöstlich des Nationalparks am Südgrat der Cumbre Dorsal (Anfahrt über die TF 514). Über die Arbeit der Meteorologen und Astronomen informiert eine kostenlose Führung, zu der sich Gruppen telefonisch anmelden müssen. *Mo–Fr 10–14 Uhr, Tel. 922 60 52 00, www.iac.es/ot/*

## MARCO POLO **Highlights**
## **»Nationalpark«**

★ **Teleférico**
Abenteuerlich ist die Gondelfahrt mit der Teide-Seilbahn auf den mit 3718 m höchsten Berg Spaniens (Seite 60)

★ **Wanderungen**
Inmitten der Lavameere der Cañadas erlebt man auf einzigartige Weise die grandiose Natur des Nationalparks (Seite 61)

# Tinerfeños unter sich

**Der Südosten Teneriffas ist vom Fremdenverkehr bisher unberührt geblieben**

Leicht ist es nicht, dieser Region Charme abzugewinnen. Alles scheint sich gegen sie verschworen zu haben: dürr und bleich das Land, trostlos zersiedelte Ebenen, wilde Bautätigkeit in den Orten. Und darüber steht die Luft, vom Staub der Erde durchsetzt. Ausläufer des Passats schieben ihre milchigen Schleier vor die Sonne. Die Hänge des Teide-Massivs wirken kahl und trüb. Einst standen dort dichte Pinienwälder. Später legten Menschen in mühsamer Arbeit Tausende Terrassenfelder an, die künstlich bewässert werden mussten. Wenig ist davon übrig geblieben. Heute wird hier erfolgreich Wein gezogen, und aufgegebenes Ackerland dient als Steinbruch.

Dennoch lohnt die Fahrt auf der alten Fernstraße TF 28 von Los Cristianos nach Santa Cruz de Tenerife. Sie gewährt nicht nur den ein oder anderen schönen Ausblick, sondern ist auch gesäumt von Dörfern und Weilern, in denen die Menschen wie vor der Zeit des Tourismus leben, als die *tinerfeños* noch unter sich waren.

*Basílica de Nuestra Señora de la Candelaria lautet der vollständige Name der Kirche der Inselheiligen*

## CANDELARIA

[119 F3] Die Kleinstadt mit 17 000 Ew. hat – außer der hier beheimateten *Virgen de Candelaria* mit ihrer überragenden religiösen Bedeutung – keine touristischen Höhepunkte. Angenehm ist ein Bummel durch die Altstadt mit ihren engen, steilen Gassen und kleinen Geschäften.

### SEHENSWERTES

**Basílica de Candelaria**
Die 1959 im verspielt kanarisch-neokolonialen Stil gebaute dreischiffige Basilika beherbergt das größte Heiligtum des Archipels, die ★ *Virgen de Candelaria.* Die verschwenderisch bekleidete, mit Krone und Juwelen geschmückte Jungfrau hat im Inneren der Kirche ihren Ehrenplatz in einer goldgerahmten, beleuchteten Kammer über dem Altar. Ein modernes Wandgemälde stellt ihre Geschichte dar. Die Madonnenfigur, deren Vorgängerin bei einer Sturmflut verloren ging, wurde 1827 von dem tinerfeñischen Künstler Fernando Estévez geschaffen. Die Gesichtsfarbe der Jungfrau und ihres gekrönten Kinds ist auffallend dunkel.

*Vor den Pyramiden von Güímar: ein Nachbau von Thor Heyerdahls »Raa«*

## Plaza Patrona de Canarias

Der riesige, schattenlose Platz vor der Kathedrale wurde für die Pilgerscharen angelegt, die jedes Jahr Mitte August zur Verehrung der Virgen de Candelaria hierher kommen. Auf der Uferpromenade stehen neun seltsame, überlebensgroße *Bronzestatuen*. Sie wurden 1993 geschaffen und stellen die *menceys* dar, die über Teneriffa herrschten, als die spanische Eroberung begann. Diese Guanchenkönige sind mit Tierhäuten bekleidet und halten Speere, Stöcke und Fäustel in den Händen. Ihre scharf geschnittenen Gesichter, die zottigen Bärte und Haare – nur einer ist kahlköpfig – scheinen die europäische Vorstellung vom edlen Wilden zu idealisieren.

## Del Maestro

Oberhalb der Stadt im Dorf *Las Cuevecitas* liegt dieses kleine Haus inmitten einer Pflanzung in ruhiger Lage. Bad, Küche, Salon, Garage. Besonders schön ist der eigene Patio mit Grillecke. *2 Zi., Reservierung über Aecan, Tel. 922 59 50 19, Fax 922 59 50 83, www.aecan. com,* €

## Playa de Candelaria

Gegenüber der Basilika liegt ein 500 m langer schwarzer Stadtstrand, von dem bei Flut wenig übrig bleibt. Wegen der starken Strömungen sollten Badelustige sich nicht weit vom Ufer entfernen.

## GÜÍMAR

[119 E4] Die lebhafte Kleinstadt (16 000 Ew.) breitet sich inmitten eines weiten Tals aus, das früher von seinen Tomatenplantagen und Kartoffeläckern lebte. Die meisten wurden allerdings wegen hoher

Wasserkosten und veränderter Marktlage aufgegeben. Nur noch Wein verspricht ein Auskommen. Auf terrassierten Feldern leuchtet er grün in der trockenen Ebene. Güímar war vor Ankunft der Spanier Hauptstadt eines Guanchenreichs. Dessen *mencey* unterwarf sich frühzeitig den Europäern und unterstützte diese bei ihren Eroberungsfeldzügen.

### Iglesia San Pedro Apóstol

Die schon 1610 erbaute Kirche ist wegen ihrer vielen Heiligenfiguren über den Seitenaltären bemerkenswert. *Plaza San Pedro*

### Iglesia de Santo Domingo

Die Kirche wurde im 17. Jh. errichtet, um die Figur der Schutzpatronin der Kanaren, die Virgen de Candelaria, vor den Unsicherheiten ihres Kustendomizils zu bewahren. Tatsächlich kam es aber nie zu deren Umzug hierher. Die Kirche schließt direkt an das Rathaus – einen ehemaligen Dominikanerkonvent – an. *Plaza del Ayuntamiento*

### Pirámides de Güímar

★ Aus der Zeit der Ureinwohner Teneriffas stammen sechs Pyramiden, die man früher lediglich für Steinhaufen gehalten hatte. Der Naturforscher Thor Heyerdahl brachte erst 1991 völlig neue Deutungsansätze ins Spiel. Die Anordnung der Pyramiden zueinander und die Vermessung des Geländes, auf dem sie stehen, führten ihn zu der Vermutung, sie könnten astronomischen Zwecken gedient haben. Gesicherte Erkenntnisse gibt es aber bis heute nicht.

Im Museumsbereich liegt ein Nachbau von Heyerdahls gänzlich aus Schilf gebautem Schiff »Raa«, auf dem sich der Norweger einst über den Atlantik nach Mexiko treiben ließ. Außerdem zu sehen: Artefakte aus der Neuen Welt, die im Zusammenhang mit den Kanaren stehen. *Tgl. 9.30–18 Uhr, Eintritt 9,75 Euro, Calle Chacona s/n, www.piramidesdeguimar.net*

## Marco Polo Highlights
### »Der Südosten«

★ **Paisaje Lunar**
Diese »Mondlandschaft« aus bizarren Tuffsteinsäulen ist ein beliebtes Wanderziel (Seite 67)

★ **Pirámides de Güímar**
Geheimnisvolle Steinpyramiden lassen auf astronomische Aktivitäten der Guanchen schließen (Seite 65)

★ **Vilaflor**
Der höchstgelegene Ort Spaniens wird für sein Quellwasser und für sein gutes Klima gerühmt (Seite 67)

★ **Virgen de Candelaria**
Die Figur der dunkelhäutigen Jungfrau gilt als das größte Heiligtum der Kanaren (Seite 63)

## ESSEN & TRINKEN

 **Finca Salamanca**

Früher trockneten Tabakblätter in dem Saal mit den hohen Mauern aus unverputzten Steinquadern. Die hoch liegenden Fenster dienten zur Belüftung. Heute genießen die Gäste in bäuerlicher Einrichtung vorzügliche kanarische und spanische Speisen. *Tgl., Adresse wie Hotel, €€–€€€*

## ÜBERNACHTEN

**Hotel Rural Finca Salamanca**

Eine kleine Oase der Erholung in staubiger Umgebung ist diese 5 ha große Avocadofinca. Der Komplex in warmen Sandtönen hat nur 20 ländlich eingerichtete Zimmer, einen kleinen Pool gibt es auch. *Anfahrt: Carretera Güímar–El Puertito, km 1,5, Tel. 922 51 45 30, Fax 922 51 40 61, www.hotel-fincasalamanca.com, €–€€*

## ZIELE IN DER UMGEBUNG

**Arafo** [119 E3]

Schmuckstück des 4 km nördlich von Güímar gelegenen Orts mit seinen etwa 5000 Ew. ist die von Lorbeerbäumen beschattete Plaza. In deren Mitte finden Sie eine kleine Bar mit Getränken und belegten Brötchen *(tgl., €)*. Das gut 200 Jahre alte Landhaus *Cura Viejo,* »alter Pfarrer«, am Ortsrand bewohnte tatsächlich einst der erste Priester Arafos. Es besitzt drei Apartments und Meerblick *(Reservierung über Attur, Tel. 922 21 55 82, Fax 922 53 10 34, www.ecoturismocanarias.com, €)*.

Von Arafo führt eine schmale Serpentinenstraße durch Weinberge und schroffe Schluchten hinauf in die Cumbre Dorsal.

**Arico** [123 E2]

Über mehrere Ortsteile entlang der Hauptstraße breitet sich 29 km südlich von Güímar das Dorf mit ca. 7000 Ew. aus. *Arico Nuevo* wird als historischer Komplex in seiner Gesamtheit geschützt. Beiderseits der bergab führenden Nebenstraße liegen hervorragend erhaltene Dorfhäuser und eine stille Plaza mit Kapelle, alle akkurat geweißt und mit Türen und Fensterläden im für die Kanaren klassischen Grün – eine Seltenheit für Teneriffa. In *Villa de Arico* erhebt sich die in der ersten Hälfte des 18. Jhs. errichtete *Iglesia de San Juan Bautista*. Beachtenswert ist der Hauptaltar mit der Virgen del Carmen von 1767. Typische Unterkunft finden Sie in *La Tunera*, einem in *Arico Viejo* gelegenen, voll eingerichteten Haus aus dem 17. Jh. im kanarischen Stil *(2 Doppelzimmer, Reservierung über Attur, Tel. 922 21 55 82, Fax 922 53 10 34, www.ecoturismocanarias.com, €€)*.

7 km nördlich versammeln sich in *Icor* [123 E1] auf einem Hügel einige uralte Bauernhäuser. In Trockenbauweise errichtet und mit Holzbalkonen geschmückt, geben sie eine Idee vom dörflichen Lebensstil nach der Zeit der spanischen Eroberung.

**Fasnia** [119 E5]

Inmitten weiter Terrassenkulturen, die mit Ausnahme von Weinbau aber kaum noch bewirtschaftet werden, liegt 15 km südlich von Güímar das Streudorf Fasnia. Wer von Süden kommt, erkennt das ganze Ausmaß der Trockenheit dieses Landstrichs. Beige durchziehen Feldmauern die bleichen Hänge bis hinab zur schartigen Küste.

## Granadilla de Abona     [122 C3]

650 m hoch und 46 km südwestlich von Güímar gelegen, entkommt Granadilla de Abona ein wenig der staubigen Trockenheit. Die gut 4000 Ew. leben vor allem von der Landwirtschaft. Die *Iglesia de San Antonio de Padua* wurde nach einem Feuer zu Beginn des 18. Jhs. wieder aufgebaut. Von dort lohnt sich ein Spaziergang durch die malerischen Gassen der Altstadt. Granadilla ist Verwaltungssitz für El Médano und den Großflughafen Reina Sofía. Eine sehr schöne Unterkunft ist das *Hotel Rural Senderos de Abona*, ein Gutshof mit Pool, Garten und eigenem Restaurant *(10 Doppelzimmer, Calle Peatonal de la Iglesia, Tel. 922 77 02 00, Fax 922 77 03 08, www.senderos deabona.com, €€)*.

## Porís de Abona     [123 F2]

Vielleicht 2000 Seelen zählt das 34 km südlich gelegene Fischerdorf mit verwinkelt gelegener Hafenpromenade und der Möglichkeit, hier direkt ein erfrischendes Bad zu nehmen. Schlichte Lokale wie *El Coral* und *Casa Moreno (tgl., €)* offerieren einfache Hausmannskost. Am Südende der Bucht steht ein rotweiß gestreifter Leuchtturm.

## Vilaflor     [122 B2–3]

★ Wohl der idyllischste Ort im gesamten Inselsüden ist das 60 km südwestlich von Güímar gelegene, knapp 3000 Ew. große Dorf. Nicht ohne Stolz nennt sich Vilaflor die höchstgelegene Gemeinde Spaniens. Auf 1400 m über dem Meer

breiten sich Terrassenfelder aus, auf denen Wein und Gemüse angebaut werden. Ein kleiner Betrieb füllt Quellwasser ab, das unter den Namen *Pinalito* und *Fuente Alta* überall auf Teneriffa getrunken wird. Das tägliche Leben ist gemütlich. Weit weg vom Trubel der Ferienzentren und den staubigen Küsten, atmen Sie hier schon die frische Höhenluft der Teide-Region. Stolz reckt sich die einschiffige *Iglesia de San Pedro Apóstol (Plaza de San Pedro)* in die Höhe, die Mitte des 16. Jhs. auf einer noch älteren Kapelle errichtet wurde. An ihrer Rückseite kündet die mächtige Fassade der *Casa de los Soler* von der einstigen Macht der Adelsfamilie, die den Ort gründete. Im gemütlichen *Hotel Rural el Sombrerito*, einer einfachen Landherberge, wird Urlaub jenseits aller Hektik zur Wirklichkeit *(20 Zi., Calle Santa Catalina s/n, Tel. 922 70 90 52, Fax 922 70 93 52, casa_chicho@ hotmail.com, €)*. Hoch über dem Ort thront das ◣▸ Lokal *El Mirador* mit traumhaftem Blick zurück zur Küste *(Fr Ruhetag, Camino San Roque 2, Tel. 922 70 91 35, €€)*.

Oberhalb von Vilaflor beginnen Wälder aus kanarischer Kiefer. Ein Exemplar dieser Spezies, der *Pino Gordo*, misst 60 m. Er steht an der Serpentinenstraße, die vorbei an phantastischen ◣▸ Aussichtspunkten auf das Dach Teneriffas führt. Wanderwege und Mountainbikestrecken liegen in der Nähe. Beliebtestes Ziel ist der ★ *Paisaje Lunar* [122 C1], die »Mondlandschaft«, eine bizarre, auf den Kanaren einmalige Vulkanformation etwa 20 km nordöstlich von Vilaflor (bei km 65 rechts ab, Wanderzeit etwa 1 Stunde pro Strecke).

# Die große Badewanne

**Strände, Sonne, Spaß – wer Action rund um die Uhr haben will, ist hier goldrichtig**

*Zwei Wasserratten beim Surfen*

Urlaub auf Teneriffa – das ist für 3,5 der 4,9 Mio. Besucher, die alljährlich auf die Insel kommen, der Südwesten. Hier liegen die schönsten Strände, herrscht das beste Wetter, wurde in 40 Jahren eine perfekte touristische Infrastruktur aufgebaut: eine Hotellerie von preisgünstig bis Superluxus, Einkaufszentren, Restaurants für jeden Geschmack, Unterhaltung rund um die Uhr, Sport von Segeln bis Tauchen. Nachteil ist, dass diese Entwicklung noch lange nicht abgeschlossen ist. Unverdrossen werden neue Golfplätze geplant, weitere Megahotels hochgezogen, noch breitere Schnellstraßen durchs Ödland gefräst. Wer in Los Cristianos, vor allem aber im Gebiet von Playa de las Américas unterkommt, lebt auf einer Großbaustelle, der man nur auf der Bannmeile zwischen Promenade und Strand entkommt.

Bei dieser Gigantomanie ist das traditionelle Leben der Einheimischen auf der Strecke geblieben. Landwirtschaft hat nur noch geringe Bedeutung, die Felder verwahrlosen. Weite Bananenplantagen lie-

*In Playa de las Américas sind viele Strände durch künstliche Riffe vor der Brandung geschützt*

gen vor allem im äußersten Norden zwischen Guía de Isora und Puerto de Santiago und im Hinterland der Costa del Silencio. Im Süden sind die Gemeinden mit den Einnahmen aus dem Fremdenverkehr zu Wohlstand gekommen. Dienstleistungsjobs in den Ferienzentren ernähren viele Dörfler. Eine Entwicklung, zu der es im staubtrockenen Südwesten auch keine Alternative gibt.

## LOS CRISTIANOS

**[121 D5]** Eine der größten Alleen in Los Cristianos trägt zu Ehren der vielen schwedischen Touristen den Namen *Avenida de Suecia*. In den Fußgängerzonen, die von dort aus zum Meer führen, herrscht der übliche Urlaubsrubel mit Souvenirläden, Restaurants, Bars, Hotels und fliegenden Händlern. Die Promenade entlang dem Stadtstrand wirkt wie eine Klammer zwischen dem alten und neuen Teil der Stadt. Vorne in der Bucht tummeln sich die Badenden, dahinter laufen Fischerboote ein und aus. Links gibt es die Burger, rechts die Tapas. Fast ohne es zu merken, landen Spaziergänger im kleinen Viertel oberhalb des Hafens, das mit seinen engen Gassen und winzigen Hinterhöfen teilweise noch an den dörflichen Ursprung des heute so lebhaften Badeorts erinnert.

## FREIZEITPARKS

Die Freizeitparks liegen gleichermaßen vor den Toren von Los Cristianos wie Playa de las Américas. Doch sind einige in unzumutbarem Zustand und nur am schnellen Geld interessiert. Das gilt insbesondere für die beiden verkommenen »Tierparks« *Monkey Zoo Park* und *Cactus & Animal Park – Amazonia*. Die Eintrittspreise sind hoch, und die Tiere werden in erbärmlichen Behausungen gehalten, kurz – ein Besuch lohnt sich nicht.

### Camel Park
Sahara-Feeling kommt beim Anblick der zum Teil vor Ort gezüchteten Dromedare auf. Ausritte auf den trägen Wüstenschiffen dauern 20 oder 50 Minuten. *Tgl. 10–17 Uhr, Ritt ab 9 Euro/Person, Anfahrt: TF 51, km 3,5 (Gratisbusse aus dem Süden), Tel. 922 72 10 80*

## ESSEN & TRINKEN

### Casa del Mar
Erhöht über der großen Hafenanlage befindet sich das Traditionslokal. Beim Schmausen können Sie den Schiffen bei ihren Anlegemanövern zuschauen. *Mo Ruhetag, Hafenmole, Tel. 922 79 32 75, €€*

### Rio 7
Direkt an der Strandpromenade in Hafennähe liegt dieses Lokal mit netter Außenterrasse, von der aus Sie beim Essen das Treiben auf dem Boulevard verfolgen können. *Tgl., Paseo Antiguo Cino s/n, Tel. 922 79 76 36, €€*

### Rosie's Cantina
Etwas ab vom Schuss gelegen, aber wegen des rustikalen, mexikanischen Ambiente, der guten Texmex-Küche und der coolen Drinks an der langen Bar immer einen Besuch wert. *Tgl., Urbanización Oasis del Sur, Complejo Royal Palm, Tel. 922 75 19 72, €€*

## EINKAUFEN

### La Alpizpa
In diesem Pavillon auf der Promenade der *Playa de los Cristianos* können Sie kanarisches Kunstgewerbe erwerben, das von behinderten Menschen hergestellt wurde. *Mo–Sa 10–13 und 17–20.30 Uhr*

### Librería Barbara
Bei Ortrud Huck und ihrem Mann gibt es jede Menge deutscher und spanischer Literatur. *Mo–Fr 10–13 und 17–20 Uhr, Sa 10–13 Uhr, Calle Pablos Abril*

## ÜBERNACHTEN

### Arona Gran Hotel
Das Luxushotel im Stil der 70er-Jahre mit viel Marmor, Messing und Kristall liegt am Ostende der Playa de los Cristianos mit schönem Blick

auf den Ort. Üppige hängende Gärten lassen Tropengefühle aufkommen. *401 Zi., Avenida de los Cristianos s/n, Tel. 922 75 06 78, Fax 922 75 02 43, www.aronahotel. com, €€*

### Mar y Sol

Das Kurhotel ist auf behinderte Gäste spezialisiert und hat ein breites Therapieangebot. *137 Zi., Avenida Amsterdam 8, Tel. 922 75 07 80, Fax 922 79 54 73, www.marysol. org, €€*

### Paradise Park

Das Aparthotel umschließt einen Patio mit Pool. Gäste loben Zimmer, Essen und Service. Zehn Minuten bis zum Strand. *270 Zi., 110 Apt., Urb. Oasis del Sur, Tel. 922 75 72 27, Fax 922 75 01 93, www.hotelparadisepark.com, €€*

### Reverón Plaza

Das sachlich, aber mit Charme eingerichtete Stadthotel liegt im Herzen des Orts gegenüber der Kirche. *44 Zi., Tel. 922 75 71 20, Fax 922 75 70 52, www.hotelesreveron.com, €– €€*

Es gibt kaum eine Sportart, die man hier im Süden nicht betreiben kann: Squash, Minigolf, Trampolin- und Fallschirmspringen, Drachenfliegen, Wandern, Fahrradfahren, Klettern, Segeln, Windsurfen, Jetski, Tauchen, Hochseefischen und vieles mehr. Umfangreiche Angebote finden Sie entlang der Strände, in den Häfen und bei Veranstaltern in den Einkaufszentren. Die Touristenbüros halten dazu Broschüren aller Art bereit.

### Boot

Die komfortable, moderne Katamaranyacht »Lady Shelley« sticht täglich vom Hafen in Los Cristianos zur Wal- und Delphinbeobachtung in See *(3 Trips von 2 bis 5 Stunden, 19,25–43 Euro, Tel. 922 75 75 49).*

## MARCO POLO Highlights
### »Der Südwesten«

★ **Los Gigantes**
Wahrhaft gigantisch türmt sich die Steilküste hinter dem Ferienort gleichen Namens auf (Seite 82)

★ **Jardín Tropical**
Mit seinen runden Formen und dem dichten Tropengarten ist dies sicher das charmanteste Großhotel im Inselsüden (Seite 76)

★ **El Médano**
Das Windsurfmekka der Insel und Treffpunkt junger Urlauber (Seite 74)

★ **Mare Nostrum Spa**
Das einzige Thalassozentrum auf Teneriffa verspricht Entspannung pur (Seite 78)

★ **Playa de la Arena**
Sein pechschwarzer Sand macht den Strand zum Erlebnis (Seite 83)

*Playa de los Cristianos: genug Platz für ein bisschen 70er-Jahre-Feeling*

## Golf

Südöstlich von Los Cristianos liegen drei Plätze. Der *Amarilla Golf & Country Club* hat 18 Löcher, einen 9-Loch-Pitch-&-Putt-Kurs und verfügt über Reitställe, Tennisplätze und Pools, Greenfee: 1 Runde 68 Euro. *Anfahrt: Autopista del Sur, Ausfahrt Los Abrigos, km 3, Tel. 922 73 03 19, Fax 922 78 55 57, www.amarillagolf.es*

*Golf del Sur* liegt weiter westlich. Auf 85 ha verteilt sich die 27-Loch-Anlage mit Golfschule und weiteren Sportanlagen. Handicapvorgabe, Greenfee: 18 Löcher 70 Euro. *Anfahrt: Autopista del Sur, Ausfahrt Los Abrigos, km 4, Tel. 922 73 81 70, Fax 922 73 82 72, www.golfdelsur.net*

Das *Golf Center Los Palos* ist eine kleine, flache 9-Loch-Anlage mit Meerblick, Greenfee: 1 Runde 21 Euro. *Anfahrt: Autopista del Sur, Ausfahrt Guaza, km 1,5, Tel. 922 16 90 80, Fax 922 16 92 38, www.tenerifegolf.es*

## Heißluftballon

An einem Stahlseil hängt der Ballon, in dessen Gondel Gäste mitten im Ort in etwa 80 m Höhe die Küstenzone aus der Vogelperspektive betrachten können. *Tgl. 10–23 Uhr, 15 Min. 12 Euro, gegenüber dem Mediterranean Palace Hotel*

## Kart

In der Nähe des Flughafens liegt der *Karting Club Tenerife* mit drei Strecken. *Tgl. 10–20 Uhr, Fahrt 16 Euro, Anfahrt: Autopista del Sur, Ausfahrt Guaza Richtung Las Chafiras, Tel. 922 73 07 03*

## STRÄNDE

### Playa de los Cristianos

Der 1 km lange und bis zu 100 m breite Hausstrand des Orts, der unmittelbar neben dem Fischer- und Fährhafen beginnt, wurde erweitert und mit frischem Sand aufgepeppt. Er ist für Kinder gut geeignet und hat eine eigene Rettungsschwimmerstation.

## Playa de las Vistas

Der Verbindungsstrand zu Playa de las Américas wurde aus feinem, hellem Sand angelegt und durch Molen geschützt. 1,5 km ist er lang. Hier ist der Wellengang etwas höher, der Wind stärker.

### AM ABEND

Abends kehrt in Los Cristianos schnell Ruhe ein. Die kleine Szene versammelt sich auf der Promenade, den *Paseo Marítimo*. Im *O'Flaherty's* und *Chicago's* treten englische Künstler live auf. Der Diskopub *Establo (Calle Pablos Abril)* belebt sich, wenn auch nur am Wochenende, erst später. Die neue Diskothek *Xitio* zieht Jungvolk in den Industriepark *Chafiras (Fr bis So ab 22 Uhr, Lage: TF 1, Ausfahrt 24)*. Touristen, die mehr erleben wollen, fahren nach Playa de las Américas.

### AUSKUNFT

**Oficina de Turismo**
*Centro Cultural, Casa Cultural, Mo–Fr 9–15.30 Uhr, Sa 9–13 Uhr, Tel. 922 75 71 37, www.arona.org*

### ZIELE IN DER UMGEBUNG

**Los Abrigos** [122 C5]
Eckige Wohnblocks aus grauem Zement bestimmen das Bild des Dorfs (2000 Ew.) 15 km östlich von Los Cristianos. Erst wer direkt zum Ha-

fen durchfährt, merkt, warum täglich Urlauber aus dem ganzen Süden hierher kommen. Entlang der Promenade reihen sich einige Restaurants aneinander. Meist klein und schlicht ausgestattet, bieten sie einfach zubereitete, aber exzellente Gerichte aus Fisch und Meeresfrüchten, die von den Fischern vom Boot direkt in die Pfanne befördert werden. Den schönen Meerblick aus fast allen Lokalen gibt es gratis dazu.

Im mehrfach prämierten *Vista Mar (Fr Ruhetag, Tel. 922 17 01 84, €€)* sollten Sie sich Ihren Fisch unbedingt selbst an der Theke aussuchen. Von der schmalen Terrasse des *Perlas del Mar (Mo Ruhetag, Tel. 922 17 00 14, €€)* haben Sie den besten Meerblick.

**Costa del Silencio** [121 E–F6]
Küste der Ruhe – diese Bezeichnung gilt für den 12 km von Los Cristianos entfernten, äußersten Südzipfel Teneriffas in mehrfacher Hinsicht. In das öde, baumlose Hinterland mit endlosen Bananenpflanzungen hinter hohen Mauern und Gemüseplantagen unter Plastikplanen bringen nur die steten Passatwinde etwas Leben. Das Fischerdorf *Las Galletas* hat entlang seiner kleinen Promenade auffallend viele Eisdielen und mehrere Fischlokale wie das einfache *Marina* und das etwas schickere *Atlántida (beide tgl., €–€€)*.

**La Gomera** [0]
Von der Hafenmole in Los Cristianos saust das Tragflächenboot »Fred. Olsen Express« mehrmals täglich in 40 Minuten zur Nachbarinsel Gomera – ein interessantes Ziel für einen Tagesausflug *(hin u.*

*Playa Médano: erste Surfversuche vor der Kulisse der Montaña Roja*

zurück ab 39 Euro/Pers. Wer sein Auto mitnehmen will, bezahlt ab 123 Euro für PKW u. 2 Pers., Tel. 902 10 01 07, www.fredolsen.es). Wenn Sie mehr über die grüne Insel wissen möchten, sei Ihnen der MARCO POLO Band »La Gomera/Hierro« empfohlen.

**El Médano** [123 D5]
★ El Médano (»die Düne«), 20 km östlich von Los Cristianos gelegen, ist das Synonym für Teneriffas längste Strände. Gut 2 km lang ist die *Playa Médano,* die mitten im Ort beginnt, hell und fein der Sand. Bei Flut wird dieser Strand, der auch für Kinder und Nichtschwimmer gut geeignet ist, allerdings unterhalb der Promenade fast völlig überspült. Im Süden kämpfen die Windsurfer mit der Brandung.
  Im familiären Hotel *Playa Sur Tenerife* (74 Zi., Tel. 922 17 61 20, Fax 922 17 63 37, www.hotelplaya

surtenerife.ws, €€) ist das *Surf Center* beheimatet (Tel. 922 17 66 88, www.surfcenter.el-medano.com), das Bretter verleiht (59 Euro/Tag, 184 Euro/Woche) und Unterricht für Fortgeschrittene gibt (ab 36 Euro). Ein Vulkanfelsen, die *Montaña Roja*, überragt den Strand. Hinter dem »Roten Berg« in Richtung Los Abrigos folgt die grobsandige *Playa de la Tejita,* 1 km lang und stets sehr windig. Gleich am Anfang haben die Nudisten ihr Revier.
  Der Ort El Médano mit etwa 3000 Ew. blieb trotz guter Tourismusvoraussetzungen verschlafen. Hier wohnen noch mehr Einheimische als Urlauber. Auf der weiten *Plaza Príncipe de Asturias* rasten sowohl junge Nordländer als auch Kanarier bei einem Bier. Ein Kiosk versorgt Touristen mit Informationen (Mo–Fr 9–15 Uhr, Sa 9–13 Uhr, Tel. 922 17 60 02). In der Bar *Playa Chica* (tgl., Calle Marcial

*García 24, €)* schwappen die Wellen bis an die Tische, im *Caballo Blanco (Fr Ruhetag, Paseo El Picacho 8, €)* sitzen Sie über der Brandung auf der Sonnenterrasse. Der gut ausgestattete Surfshop *Cabezo* hat alles für Windsurfer *(Calle La Graciosa)*. Das betagte *Hotel Médano* liegt im Ortszentrum am Strand und ist bei jungen Leuten beliebt *(91 Zi., Tel. 922 17 70 00, Fax 922 17 60 48, www.medano. es, €€)*.

Nördlich von El Médano schließen sich die steinigen *Playa del Cabezo* und *Playa de la Jaquita* an, zwei Surferstrände und Austragungsorte internationaler Wettkämpfe. Das schon etwas ältere *Calimera Atlantic Playa* nennt sich Aktivhotel, verfügt über eine eigene Windsurfschule und bietet auch andere Sportarten an *(154 Zi., Tel. 922 17 62 52, Fax 922 17 61 14, www.calimera.de, €– €€)*. Der Shop *Fun Factory* verleiht Surfboards *(ab 20 Euro/Tag, ab 72 Euro/Woche)* und Fahrräder *(ab 12 Euro/Tag)*, außerdem veranstaltet er Fahrradtouren *(ab 40 Euro, Tel. 922 17 62 73, www.funfactory.el-medano.com)*.

# PLAYA DE LAS AMÉRICAS

**[121 D4–5]** Nahtlos schließt sich nördlich an Los Cristianos die Touristenhochburg Playa de las Américas an. Sie ist kein gewachsener Ort, sondern Sammelbegriff für mehrere sich ständig ausdehnende Feriensiedlungen. Nicht zuletzt durch eine nie endende Bautätigkeit sind sie unübersichtlich, laut

und wenig erholungsfördernd. Für Lärmempfindliche gilt: Am Nord- und Südende (Urbanisationen Fañabé und Playa del Duque bzw. Los Morritos) ist es jeweils am ruhigsten. Dort liegen auch die besten Unterkünfte. Die gesamte Zone wird an der Küste von einer Uferpromenade mit Geschäften und Lokalen begrenzt. Direkt dahinter drängen sich Hotels, Apartmentkomplexe, Shoppingcenter, Diskotheken und Restaurants, in denen man sich bei englischer, skandinavischer oder deutscher Küche wie zu Hause fühlen darf. Die Bebauung zieht sich inzwischen schon bis in die kahlen Hügel des Hinterlands hinauf.

## ESSEN & TRINKEN

### El Gomero

Die kanarische Antwort auf Pizza und Burgershops. Überaus preisgünstig finden Sie in dem schlichten Restaurant die ganze Palette hervorragender einheimischer Speisen. Dementsprechend beliebt und voll ist es. *Tgl., Anlage Las Terrazas, Tel. 922 79 11 68, €*

### El Molino Blanco

Bäuerlichen Charme strahlt das Restaurant mit den dicken Holzbalken und mehreren kleinen Terrassen aus. Gekocht wird edel kanarisch. Clou ist die alte Windmühle im Vorgarten, die auch der Namensgeber ist. *Di Ruhetag, San Eugenio Alto, Avenida Austria 5, Tel. 922 79 62 82, €€*

### El Patio

Ein hoher Gummibaum ziert den Patio, der zum Jardín-Tropical-Hotel gehört. Ein Brunnen plätschert,

Amphoren stehen dekorativ zwischen Korbmobiliar. Große Zeltplanen schützen vor dem Wind direkt an der Promenade. Die feine Küche ist international mit spanischem Touch. *Tgl., Calle Gran Bretaña s/n, Tel. 922 74 60 61,* €€€

## La Pirámide

Eine Ausnahme im Ferientrubel ist dieses elegante Restaurant mit Kristallleuchtern, Damasttischdecken, internationaler Küche, Topservice und klassischer Musik als Hintergrund fürs Diner zu zweit. *Tgl., Tel. 922 79 63 60, Avenida de las Américas,* €€€

## EINKAUFEN

Playa de la Américas ist eine Stadt des Konsums. Dutzende Einkaufszentren, hier *Centro Comercial* genannt, bieten jede nur vorstellbare Einkaufsmöglichkeit – von A wie Andenken bis Z wie Ziegenkäse.

## Artenerife

An einen zersägten Schiffsrumpf erinnert der Pavillon der staatlichen Kunsthandwerkskette, die garantiert kanarische Produkte führt. *Mo–Fr 10–20.30, Sa 10–13 Uhr; Avenida del Litoral (gegenüber McDonald's).* Ein weiterer Artenerife-Shop befindet sich am westlichen Ende der *Playa de las Vistas.*

## ÜBERNACHTEN

## Anthelia

Der sehr weitläufige Komplex wurde im Stil der italienischen Renaissance angelegt. Nüchterne Eleganz und erstklassige, in mediterranen Tönen gehaltene Materialien zeichnen ihn aus. Garten und Poolanlage

sind sehr großzügig ausgelegt. Das äußerst ruhige Hotel liegt direkt über der Playa de Fañabé. *391 Zi., Calle Londres 15, Tel. 922 71 33 35, Fax 922 71 90 81, www.antheliapark.com,* €€€

## Cleopatra Palace

In dem großen Hotelkomplex im römischen Stil hat dieses Hotel die beste Lage an der ruhigen Promenade mit direktem Strandzugang zur *Playa del Camisón.* 199 Zimmer und Suiten – Tipp: Die mit geraden Nummern haben den schönsten Meerblick der gesamten Südküste – mit Marmorbad und Säulenbalkon. Großer Poolbereich, Jacuzzi. Es gibt mehrere internationale Restaurants mit ausgezeichneter Küche, außerdem täglich Entertainment. *Mare Nostrum Resort, Tel. 922 75 75 00, Fax 922 75 75 10, www.expogrupo.com,* €€– €€€

## Jardín Tropical

★ Hinter dem Eingang im Südseestil öffnet sich eine Welt aus dem Morgenland. Rund und weich die Formen des schneeweißen Gebäudes im maurischen Stil. Die gefliese Gartenanlage ist dicht bepflanzt. Über einer grottenähnlichen Terrasse rauschen Wasserfälle. Die 448 Zimmer sind hell eingerichtet und mit Korb- und Holzmöbeln ausgestattet. Das Hotel und seine Küche wurden vielfach ausgezeichnet. *Calle Gran Bretaña s/n, San Eugenio, Tel. 922 74 60 00, Fax 922 74 60 60, www.tropicalhoteles.com,* €€€

## Parque Santiago III

Das angenehmste einer Kette von neuen Aparthotels im Süden von Playa. Die weiß gekalkten Wohneinheiten im kanarischen Stil passen sich unaufdringlich in die großzügigen Gartenanlagen mit üppiger Vegetation, Pools und Liegewiesen ein. Es gibt Apartments und Studios unterschiedlicher Größe und Ausstattung. *255 Apt., Avenida de las Américas s/n, Los Morritos, Tel. 922 74 61 03, Fax 922 79 74 03, www.parquesantiago.com, €–€€*

## Parque del Sol

Als südspanisches Dorf sind die verwinkelten Bungalows angelegt. Viel Grün umgibt die schattigen Wege. Bänke laden zum Verweilen ein. Papageien sorgen für tropisches Flair. *185 Apt., Tel. 922 71 30 76, Fax 922 71 23 40, www.parquedelsol. net, €€*

## FREIZEIT & SPORT

Das allgemeine Sport- wie auch das übrige Freizeitangebot entspricht in seiner Bandbreite dem im Nachbarort Los Cristianos.

### Boot

Alle Anbieter befinden sich im Hafen *Puerto Colón*. Dreistündige Katamarantrips mit und ohne Essen an Bord gibt es bei *Bonadea* für 29,50–45 Euro *(Tel. 922 71 45 00)*. 37 Euro bezahlt man für die Exkursion auf dem hölzernen Zweimaster »Shogun« *(Tel. 922 79 80 40)*. *Royal Delfin* veranstaltet täglich Bootstouren nach Los Gigantes und Masca *(42 Euro, Tel. 922 75 00 85, www.tenerifedolphin.com)*. In Puerto Colón können Sie auch eine Vielzahl von Yachten und Motorbooten von klein bis Luxus mieten (mit und ohne Skipper).

### Bungee

Der neue *Sky Park* wartet mit vier Luft-Speed-Attraktionen (Bungee, »Freier Fall«, Rocket-Bungee,

*Kein Ort – eine ständig wachsende Feriensiedlung: Playa de las Américas*

Speed-Schaukel) auf Adrenalin-süchtige. Daneben gibt es Pools und Wasserrutschen, einen Tattoo-Shop und Cafeterias. *Tgl. 9.30–20 Uhr, Eintritt 18 Euro, Packet alle vier Bungees 75 Euro, Torviscas Bajo, Calle Castilla s/n, www.skypark-tenerife.com*

### Golf

Die 18-Loch-Anlage *Golf Las Américas* liegt auf 90 ha Land direkt am Ort. Greenfee: 1 Runde 85 Euro, Onlinebuchung möglich. *Anfahrt: Autopista TF 1, Ausfahrt Nr. 28, Tel. 922 75 20 05, Fax 922 79 37 55, www.tenerifegolf.es.*

Die jüngste Anlage Teneriffas ist *Golf Costa Adeje.* Die 27-Loch-Anlage ist perfekt in die Umgebung integriert. Greenfee: 18-Loch-Runde 78 Euro. *Finca de los Olivos, Anfahrt: Autopista TF 1 nach Guía de Isora, Abfahrt nach La Caleta, Tel. 922 71 00 00, Fax 922 71 04 84, www.golfcostaadeje.com.*

### Kart

Bei *Karting las Américas* kosten 10 Minuten auf Normalkarts 10 Euro, auf Rennkarts 12 Euro und auf Kinderkarts (ab 6 Jahren) 6 Euro. *Tgl. 9–22 Uhr, Anfahrt: TF 1 nach Guía de Isora, Abfahrt nach La Caleta*

### Thalasso

Das einzige Thalassozentrum Teneriffas, das ★ *Mare Nostrum Spa* im Hotelkomplex *Mare Nostrum Resort,* glänzt durch exklusives Ambiente und durch seine vielfältigen physiotherapeutischen Behandlungsmöglichkeiten, Beauty- und Kurangebote auf einer Fläche von etwa 1600 m$^2$. *Tel. 922 75 75 40, Fax 922 75 75 15, www.expogrupo.com*

### Zug

Ein weißer Bummelzug macht eine Sightseeingtour durch die Straßen von Los Cristianos und Playa de las Américas. *Tgl. 10–23 Uhr, 9 Euro, Abfahrt: Ecke Avenida Rafael Puig Llivina/Avenida Santiago Puig*

## STRÄNDE

Unterhalb der Promenade wurden Richtung Norden viele kleine Strände angelegt, alle hell und feinsandig, durch künstliche Riffe oder Molen vor der Brandung geschützt. Sie sind daher auch für Kinder gut geeignet. Von der *Playa de Troya* im Süden bis zur *Playa La Pinta* hinter Puerto Colón liegen die Strände dicht gestaffelt, belagert von den Siedlungen des alten Ortszentrums, San Eugenio und Torviscas. Hier stehen Hotels und Apartmentblocks auf engstem Raum, die Playas sind entsprechend voll. Ruhiger und geräumiger ist es an der Nordgrenze der Besiedlung. Liegen und Sonnenschirme kosten überall jeweils 3–4,50 Euro.

### Playa del Camisón

Ganz am Südzipfel und schon mit Blick auf Los Cristianos befindet sich diese Strandperle: 500 m heller Sand liegen unterhalb der Promenade, kein Straßenverkehr stört, Cafeterias und Strandbuden versorgen die Sonnenanbeter mit Speisen und Getränken.

### Playa del Duque

Der nördlichste ist auch der feinste Strand. Kein Wunder, heißt er doch »Strand des Herzogs«. 600 m heller Sand mit lustigen Zelten als Umkleidekabinen, überragt vom alten Kastell der Adelsfamilie

*So bunt wie die Neonreklamen ist das Nightlife in Playa de las Américas*

### Playa de Fañabé

800 m lang und unterhalb der ruhigen Siedlung gelegen, verspricht der Strand relaxtes Sonnen und Baden.

## AM ABEND

Abends beginnen die Neonlichter zu flackern. Man spaziert über die Promenade, sitzt in den Cafés der Einkaufszentren, speist in einem der Restaurants. Wer mehr will, trifft sich im *Shoppingcenter Veronicas,* der Amüsiermeile entlang der Hauptstraße bei der Playa de Troya; zum Tanz für ältere Semester im *Banana Garden (tgl. ab 20 Uhr);* Teenies tummeln sich in den Diskopubs sämtlicher Musiktrends *(Sound of Cream, Bobby's, Rags);* guten Livepop gibt's im *Leonardo's.*

T-Shirt-Buden, Fastfood-Shops, Karaoke-Bars und Spielhallen reihen sich aneinander; das *Vergnü-gungscenter Pleasure Island* am oberen Ende wartet mit Minigolf, Bullenreiten und einer Bungee-Rocket genannten Höllenmaschine auf. Das *Harley's (tgl. ab 18 Uhr, Calle Ernesto Sarti)* im 60er-Jahre-Look ist eine Kopie des berühmten Hardrock-Cafés. Drinnen werden im verchromten Ambiente aus E-Gitarren, Cadillacs und Dukebox-Musik bunte Cocktails serviert. Draußen stehen Oldtimer.

### Casino Playa de las Américas

Im Keller des Hotels Gran Tinerfe werden die üblichen Glücksspiele angeboten. *Mo–Do 20–3 Uhr, Fr–So bis 4 Uhr, Eintritt 3 Euro (Ausweis mitbringen!).* In vielen Hotels gibt es aber Gutscheine für den kostenlosen Eintritt. *Avenida del Litoral s/n, Tel. 922 79 37 12*

### Pirámide de Arona

Im Auditorium der imposanten Pyramide im Las-Vegas-Look finden

Ballett- und Flamenco-Abende der berühmten Choreografin Carmen Mota statt. *Infokiosk in der Avenida de las Américas s/n, Tel. 922 75 75 49*

 **Tropicana**
Die neue Mammutdisko sprengt mit ihrer Musikvielfalt auf mehreren Dancefloors, mit Bars, Liveacts und eigenem Garten alle Dimensionen und lockt am Wochenende Tausende an. *Fr–So ab 22 Uhr, Anfahrt: Autopista TF 1, Ausfahrt Adeje (dann Autobahn queren)*

## AUSKUNFT

**Oficinas de Turismo**
*Centro Comercial City Center, Mo–Fr 9–20 Uhr, Sa 9–12 Uhr, Tel. 922 79 76 68, Fax 922 75 71 98, www.arona.org*
*Playa de las Vistas, Mo–Fr 9 bis 15.30 Uhr, Tel. 922 78 70 11*

**Oficina Municipal de Turismo**
*Mo–Fr 9–17 Uhr, Tel./Fax 922 75 06 33, www.costa-adeje.es, Avenida del Litoral (neben dem Artenerife-Laden)*

## ZIELE IN DER UMGEBUNG

**Adeje** [121 D3]
Der unspektakuläre Ort an den westlichen Ausläufern des Teide-Massivs ist als Verwaltungssitz für das südlich gelegene Playa de las Américas zu Reichtum gekommen. Zu Beginn des 16. Jhs. errichteten spanische Eroberer die Kirche *Santa Úrsula* mit sehr schön geschnitzten Deckenbalken. Auf dem Söller über der Sakristei nahmen die adligen Herrscher am Gottesdienst teil. Der Altaraufsatz des Hauptaltars ist ein herrliches Beispiel des kolonialen Barocks *(Calle Grande s/n)*.
Am oberen Ende der *Calle de los Molinos* lädt das ◀▶ Restaurant

# Teneriffa literarisch

**Lesestoff – nicht nur für schlechtes Wetter**

Im Buchhandel auf Teneriffa erhältlich ist *Tenerife* (Texte auch in Deutsch): Die Schönheiten seiner Insel fing der Fotograf Fernando Cova del Pino in diesem eindrucksvollen Bildband ein. *Die schönsten Sagen und Legenden der Kanarischen Inseln* (Lisa Blome) erzählen aus der Mythenwelt des Archipels. *Geologie und Vulkanismus von Teneriffa* (Walter Hähnel) erhellt die Enstehungsgeschichte der Insel. *Sieben Rosen im Atlantik* (Jürgen u. Marita Alberts): Kriminalroman, der Details des kanarischen Alltags aufgreift. *Der König von Taoro* (Horst Uden): ein spannender dokumentarischer Roman über die Eroberung Teneriffas vor über 500 Jahren. *Ein Wahnsinnsurlaub* (Winfried Wagner): unterhaltsames Buch über die turbulenten Urlaubserlebnisse einer deutschen Familie. Und zum Schluss etwas Kulinarisches: Die *Spanische Fischküche* von Johannes Schmidt ist ein sehr fundiertes Werk für alle, die gerne Fisch essen.

Otelo *(Di Ruhetag, €–€€)* zur Rast mit Panoramablick. Dort beginnt auch eine schöne Wanderung ins ◆◆ *Barranco del Infierno.* Wegen des großen Andrangs ist die Tagesbesucherzahl allerdings beschränkt. Frühes Kommen oder Vorbestellung *(Zutritt tgl. 8.30–16 Uhr, Tel. 922 78 28 85, Eintritt 3 Euro, Wanderzeit ca. 3 Std.)* sind daher empfehlenswert. Auf einem ehemaligen Hirtenweg kommen Sie in die raue Bergwelt, die hier ohne Schatten (Kopfbedeckung mitnehmen!) und fast vegetationslos ist. Erst später, wenn man sich der engen, schattigen »Höllenschlucht« nähert, durch die ein Bach sprudelt, kommt dichter Pflanzenwuchs zum Vorschein. Wenn es genug geregnet hat, gibt es am Ende der Klamm sogar einen Wasserfall zu bestaunen, der über ca. 80 m herabstürzt.

### La Caleta [120 C4]

Ein Fischerort, 5 km nordwestlich von Playa de las Américas, der sich langsam zum Feriendomizil wandelt, aber noch ohne Strand. Eine nette Unterkunft in kanarischem Stil ist das Aparthotel *Jardín Caleta (240 Apt., Tel. 922 71 09 92, Fax 922 71 10 40, www.hovima-hotels.com, €)* mit großem Terrassenrestaurant. Direkt am Wasser liegt das Lokal *La Caleta (tgl., €–€€).*

### Westküste [120 B–C 1–4]

Zwischen La Caleta und Puerto de Santiago führt die Küstenstraße zwischen Bananenplantagen Richtung Norden. Einige kleine Feriensiedlungen sind bereits entstanden. Im Fischerdorf *Playa de San Juan* [120 B2] werden Apartments und Bungalows gebaut, Ähnliches geschieht in *Alcalá* [120 B1–2].

## PUERTO DE SANTIAGO

[116 B–C5] Viel ist von dem ehemaligen Fischerdorf mit seinen 2000 Ew. nicht mehr zu sehen. Flächendeckend überziehen Neubauten die bleigraue Steilküste. Dennoch ist dies der einzig gewachsene Ort der Gegend, und es geht hier noch vergleichsweise ruhig zu. Um den Hafen herum, den man über eine enge, abschüssige Straße erreicht, leben die Menschen noch wie früher. Frauen unterhalten sich lautstark von Haus zu Haus. Männer werkeln an ihren Holzbooten, die, von turmhohen Klippen eingerahmt, vor dem nur 50 m breiten dunklen Stadtstrand im Wasser dümpeln.

### ESSEN & TRINKEN

**La Masía**
In dem unscheinbaren Lokal am nördlichen Ortseingang sitzt man unter alten Gummibäumen oder auf der überdachten Terrasse. Spezialität sind Fleischgerichte. *Mi Ruhetag, Tel. 922 86 11 41, €€*

**El Mesón**
Das kanarische Restaurant besticht durch gute Küche und ist bei Gästen für freundlichen Service bekannt. *So Ruhetag, Carretera General s/n, Tel. 922 86 04 76, €€*

### ÜBERNACHTEN

**Barceló Santiago**
Nach der Renovierung erstrahlt der mächtige Komplex in neuem Glanz. Schön ist vor allem die Lage auf der Klippe. Gegenüber erhebt

## Vom Euro zum Teuro

**Der wundersame Mehrwert der Pesete**

Auf den Kanaren löste die Umstellung von der Pesete auf den Euro eine Preisexplosion aus. Offensichtlich schien die genaue Konvertierung – gut 166 Pesetas = 1 Euro – den Insulanern zu kompliziert. 100 zu 1 war einfach besser zu rechnen. Also änderte man vielerorts flugs einfach nur das Währungszeichen, und schon kostete der Kaffee statt 80 Ptas 80 Cents. Bier, Eis, Brot, Käse, Brot, Paella, Tapa – endlos ist die Liste der Preise, die 20–100 Prozent in die Höhe schossen. Besonders dreist langen Freizeitparks zu: Der Eintritt ohne Extras beträgt für eine vierköpfige Familie oft schon gut 60 Euro. Doch man kann sich wehren, indem man z. B. einfach nicht hingeht bzw. sich ein anderes Lokal sucht.

sich die Nachbarinsel La Gomera aus dem Atlantik. Daher ein Zimmer mit Meerblick nehmen! *406 Zi., Calle la Hondura s/n, Tel. 922 86 09 12, Fax 922 86 18 08, www.barcelo.com, €–€€*

**Tamaimo Tropical**
Im Kreis um einen schön bepflanzten Palmengarten gelegene Anlage mit 400 Apartments. *Calle la Hondura s/n, Tel. 922 86 06 38, Fax 922 86 07 61, www.hotetur.com, €*

### AUSKUNFT

**Oficina de Turismo**
*Mo–Fr 9–15 Uhr, Sa 10–12 Uhr, Centro Comercial Seguro el Sol, Calle Manuel Ravelo 20, Tel./Fax 922 86 03 48*

### ZIELE IN DER UMGEBUNG

**Los Gigantes** [116 B5]
★ »Die Giganten« nennt sich die spektakuläre Steilküste am 1 km nördlich gelegenen Ende der Küstenstraße. Sie fällt 450 m senkrecht ins Meer ab. *Los Gigantes* heißt auch der kleine, schicke Badeort, der sich seitlich an den Felsen schmiegt. Ein überwältigender Anblick, besonders vom großen Sporthafen aus, in dem viele Atlantikyachten schaukeln. Noch eindrucksvoller wirken Los Gigantes vom Boot aus, das Sie zum Greifen nah heranbringt. Fahrten unternimmt u. a. der ehemalige Krabbenkutter »Katrin«, mit dem Eigner Heiko Kuschnik Gäste auch zur Delphinbeobachtung schippert *(tgl. ab 11.30 Uhr, 2-Std.-Törn 25 Euro, Hafenzufahrt, Tel. 922 86 03 32, www.rmc-international.com).*

Direkt hinter der Mole versteckt sich der ruhige *Poblado Marinero,* eine wie ein Dorfkern gestaltete Apartmentanlage im kanarischen Stil *(170 Apt., Acantilados de los Gigantes, Tel. 922 86 09 66, Fax 922 86 06 79, pobladomarinero@ cajaccanarias.net, €).* Zu Füßen der Giganten liegt die 200 m breite

*Playa de los Guíos* aus feinem, dunklem Sand. Im dezenten, gekachelten Restaurant *Miranda's* bekommen Sie einheimische Gerichte *(tgl. 19–23 Uhr; Calle Flor de Pascua, Tel. 922 86 02 07, €€)*.

## Guía de Isora        [117 D6]

Bananen, deren Pflanzungen das Dorf umgeben, sind die Lebensgrundlage der etwa 5200 Ew. von Guía de Isora, 10 km südöstlich von Puerto de Santiago. Im Geschäft *Artesanía Canaria* am Ortsausgang *(Mo–Sa 8.30–18 Uhr, So 9–17 Uhr)* gibt es neben dem üblichen Touristennippes auch typisch kanarische Spezialitäten, Weine und Kuchen. Oberhalb Guías beginnt eine der drei Zufahrtsstraßen hinauf zum Teide-Nationalpark, ᠕ eine herrliche Autostrecke, die erst durch Ackerland und dann in die fast vegetationslose Vulkanregion in gut 2000 m Höhe führt.

## Playa de la Arena        [116 B6]

★ Einst als eigenständige Urlaubssiedlung konzipiert, ist Playa de la Arena längst mit Puerto de Santiago zusammengewachsen. Eine Besonderheit ist in Playa der gleichnamige, nur 250 m lange Strand aus feinstem, pechschwarzem Sand. Giftgrüne Palmen bilden dazu einen prächtigen Kontrast. Übrigens wird hier auch die stärkste Sonneneinstrahlung der Insel gemessen. Seit über zehn Jahren erhält die Playa de la Arena regelmäßig die Blaue Flagge zugesprochen, Zeichen höchster Qualität von Strand und Wasser.

Zwei Lokale liegen direkt am Strand, weitere an der Promenade. Das *Playa La Arena* ist das Spitzenhotel am Ort. In dem großen, hellen Komplex haben alle 433 Zimmer Meerblick *(Tel. 922 86 29 20, Fax 922 86 12 37, www.springho teles.com, €– €€)*.

*Klein, aber oho! Der palmenbestandene Strand von Playa de la Arena*

# Von der Küste in den Himmel

**Die Touren sind in der Karte auf dem hinteren Umschlag und im Reiseatlas ab Seite 112 grün markiert**

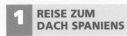

## 1 REISE ZUM DACH SPANIENS

Vom Highlife in himmlische Höhen – keine Tour auf Teneriffa ist so kontrastreich wie die von Puerto de la Cruz bis zur Spitze der Insel. Etwa 105 km lang ist die Fahrt, für die Sie einen ganzen Tag einplanen sollten. Vor allem zu Beginn erwarten Sie kurvige Straßen und viel Verkehr. Doch der flaut bald ab, und phantastische Aussichten während des ganzen Tages belohnen Sie für die Mühe. Außerdem gibt es immer wieder Rastplätze, die zu einer Pause einladen. Denken Sie daher auch an die Möglichkeit eines Picknicks. Auf vielen Rastplätzen kann man sogar grillen. Nicht vergessen dürfen Sie warme Kleidung. Immerhin geht es auf 3550 m über Meereshöhe, es werden sehr unterschiedliche Klima- und Vegetationszonen berührt. Wetter und Temperaturen entlang der Strecke wechseln schnell und unvorhergesehen. Wer

*Macizo de Teno: Die schroffe Bergwelt erschließt sich mutigen Autofahrern auf dieser schmalen Straße*

vor 9 Uhr losfährt, erspart sich den Busverkehr, der andere Urlauber zum Teide bringt. Und noch eine Bitte: Da Sie sich fast den ganzen Tag in geschützten Naturreservaten bewegen, lassen Sie bitte keinerlei Abfall zurück und vermeiden Sie unbedingt offenes Feuer. Die Natur dankt es Ihnen.

Von *Puerto de la Cruz (S. 37)* geht es durch die dicht besiedelte Küstenregion auf der Landstraße nach La Orotava. Nirgendwo ist Teneriffa so fruchtbar wie hier. Bananenplantagen bestimmen das Bild. Neben den Straßen sieht man weite Felder, die meist von hohen Mauern begrenzt sind, damit der Wind die empfindlichen Stauden nicht zu arg beutelt. Dicht an dicht liegen die Orte im *Valle de la Orotava*, dem Orotava-Tal, das, an den Seiten von steileren Bergformationen begrenzt, rasch zur Inselmitte hin ansteigt. Den schönsten Blick haben Sie vom nahen ✲ *Mirador de Humboldt*, der einen kleinen Abstecher von La Orotava aus nach Osten wert ist. Dort stand vor 200 Jahren der große Naturforscher selbst und konnte die Schönheit des *Valle de la Orotava* kaum fassen. Deutlich zu erkennen ist, dass einst

*Insider Tipp*

*Kolonialbauten mit kunstvoll geschnitzten Balkonen in La Orotava*

ein gigantischer Erdrutsch diese Zone erst schuf. Ebenso unübersehbar aber auch, dass die Zersiedlung durch den Menschen dem Tal optisch nicht gut bekommen ist. Im Städtchen *La Orotava (S. 34)* befinden sich einige sehr schöne Kolonialbauten. ✏ Und von der Plaza de la Constitución genießen Sie einen herrlichen Blick zurück über den Ort und zum Atlantik, der hier zum Greifen nahe scheint.

Nun aber geht es hinauf in die Berge auf der stets steilen TF 21. Beeindruckend, wie die Bauern ihre Terrassenfelder aus fein aufgeschichteten Trockenmauern angelegt haben. Obst und Gemüse werden noch immer in kleinen Familienbetrieben angebaut. Gleich hinter dem Ort *Aguamansa (S. 37)* biegt links ein Wanderweg nach *La Caldera* ab, einem alten Vulkankrater, an dem ein großer Picknickplatz angelegt wurde. Die Einhei-

mischen lieben nichts so sehr, wie am Wochenende mit Familie und Freunden zusammen hinaus ins Grüne zu fahren, um dort den Tag zu verbringen, zu essen, zu trinken, zu plaudern und zu feiern. Keiner der vielen Grill- und Rastplätze, von dem dann nicht Rauchschwaden aufsteigen, Feuerchen lodern und einem Düfte frisch gerösteten Fleisches in die Nase steigen. Denn fast immer sind diese Orte lustigen Zusammenseins an bevorzugten Plätzen angelegt, im schattigen Wald, oft noch mit toller Aussicht.

Von Aguamansa aus lassen sich viele Wanderungen unternehmen. Oberhalb beginnt die Pinienwaldzone der Insel. Leicht zu erkennen ist die Kanarische Kiefer an ihren ca. 20 cm langen Nadeln, die in der Lage sind, das Wasser aus den feuchten Passatwolken zu filtern, die in dieser Höhe oft wie Dunstschwaden durch die Wälder ziehen. Wie aus dem Nichts wird die trockene, im Sommer verdorrte Erde von giftgrünen Farnen und Moosen überwuchert, Buschwerk bildet dichtes Unterholz. Lange, dünne Flechten hängen von den Ästen der Bäume herab. Auch sie leben von den Nebeln des Passats. Hier gibt es kaum noch Häuser, ab 1000 m Höhe ist diese Region praktisch unbesiedelt.

Auf 2000 m lichtet sich der Wald, und der vulkanische Fels tritt hervor. Dichte Blumenalmen lassen im Frühsommer Alpengefühle aufkommen. Bei *El Portillo (S. 61)* trifft man auf die Straße aus La Laguna. Dort hat das Besucherzentrum des Nationalparks seinen Sitz. Hier können Sie sich über Details wie Entstehung, Flora, Fauna und mögliche Wanderungen im Schutzgebiet informieren. Die Vegetation hat sich nun scheinbar zurückgezogen. Doch entdeckt man eine ganze Reihe eigenartiger Gewächse, die sich an die extremen Unterschiede zwischen Sommer und Winter, Nacht und Tag gewöhnt haben. Prachtvollstes ist sicherlich der *tajinaste rojo,* der Teide-Natternkopf, eine im Mai und Juni von Tausenden roter Blüten übersäte Wunderkerze, die weit über 2 m hoch werden kann. Einige herrliche Exemplare stehen am Parkplatz des Besucherzentrums. Kurz danach überrascht eine Ansammlung von Häusern. Restaurants im Dienst des Massentourismus fordern ihren Tribut.

Wenn Sie den Nationalpark besuchen, werden Sie erstaunt sein über die vielfältigen Lava- und Aschefelder, die in Farben zwischen Weiß, Grün, Rot, Grau und Pechschwarz von den Vulkanaktivitäten zeugen, die hier oben über Jahrmil-

lionen das Land gestalteten. Nicht fehlen darf natürlich die Fahrt auf den *Teide (S. 60),* der mit 3718 m der höchste Berg Spaniens ist und im Winter oft eine weiße Schneekappe trägt. Idealer Ort für die Mittagsrast ist der *Parador Nacional,* die staatliche Herberge gegenüber den spitzen *Roques de García (S. 60).* Dort können Sie Snacks und Getränke bestellen.

Auf dem Rückweg nehmen Sie die vorhin passierte Straße TF 24 nach Norden Richtung La Laguna. Noch einmal geht es über weite Lavafelder, im Osten leuchten die Gebäude des Observatoriums. Bei km 32 durchfahren Sie mehrere bizarre, schwarz-weiß-graue Felsformationen, die die verschiedenen komprimierten Schichten des Vulkangesteins anschaulich machen. Aus Nordwesten grüßt die Nachbarinsel La Palma herüber, und im Südosten erhascht man des Öfteren einen Blick auf Gran Canaria. Dann fängt Sie der Nadelwald wieder ein. Nach längerer Fahrt durchqueren Sie *La Esperanza (S. 48),* und bald kommt auch *La Laguna (S. 46)* in Sicht. Versäumen Sie nicht, die Altstadt zu besuchen, bevor Sie sich wieder auf den Weg nach Puerto de la Cruz machen.

*Insider Tipp*

## 2 STEILE SCHLUCHTEN UND WINDIGE KÜSTEN

**Wer in Teneriffas Süden logiert, sollte sich für einen Tag von Sonne und Meer erholen und die Insel einmal von ihrer wilden Seite kennen lernen. Im äußersten Nordwesten erhebt sich das Teno-Massiv, eine fast vergessene Region abenteuerlicher Berge und**

spitzer Zinnen. Dort scheint in winzigen Dörfern die Zeit stehen geblieben zu sein. **Festhalten sollten Sie sich an der Küste, wo die Winde um das Kap von Teno pfeifen. Danach erwarten Sie ein wunderschöner Ort und eines der Wahrzeichen Teneriffas. Sind Sie schwindelfrei und sturmfest dazu? Dann schnallen Sie sich an – und los! Einen Tag müssen Sie einplanen, obwohl die Tour nur etwa 100 km lang ist.**

Von *Puerto de Santiago (S. 81)* ist es nur ein Katzensprung zum ersten Höhepunkt, *Los Gigantes (S. 82)*. »Giganten« wird die imposante Steilküste genannt, die sich 450 m hoch über den gleichnamigen Urlaubsort erhebt. Häuser, Boote und vor allem Menschen wirken vor ihrer Größe winzig. Los Gigantes sind der südliche Zipfel des Teno-Massivs und geben einen Vorgeschmack auf das unnahbare Gebirge, dem Sie sich nun nähern. Richtung *Santiago del Teide (S. 31)* schraubt sich die TF 454 hinauf, zunächst vorbei an Bananen- und Tomatenplantagen. Wer an echter einheimischer Keramik Gefallen findet, sollte einen Abstecher nach *Arguayo (S. 31)* machen. In dem Dorf mit langer Töpfertradition wurde eine alte Werkstatt restauriert, in der Sie den Kunsthandwerkern bei der Arbeit zuschauen und die Produkte natürlich auch gleich erwerben können.

In Santiago folgen Sie den Wegweisern auf der TF 436 nach *Masca*. Eine atemberaubende Fahrt beginnt. Der zerklüftete *Macizo de Teno* – das Teno-Gebirge *(S. 30)* – ist eine geologisch sehr alte Formation, der Vulkanfels von der Erosion zernagt. Dort scheint in winzigen Dörfern aus Naturstein die Zeit stehen geblieben zu sein. ◁▷ Vom *Mirador de Cherfe* fällt der erste Blick hinab auf Masca, einen Weiler, der bis in die 80er-Jahre noch ohne Straßenverbindung zur Außenwelt vor sich hin schlummerte. Auf steilen Klippen balanciert er über der Schlucht, als wolle er zum Flug abheben. Enge Serpentinen winden sich hinab, und in den Kurven hofft man, dass einem niemand entgegenkommt. *Masca (S. 31)*, das sich auf mehrere Ortsteile verteilt, verführt zum Rundgang auf schiefem Kopfsteinpflaster. Wanderer können gar bis zur Küste hinabsteigen. Kleine Lokale sorgen fürs leibliche Wohl. Beim Blick auf die grimmigen Felswände fällt es schwer, sich vorzustellen, wie Menschen hier überleben. Und tatsächlich emigrierten bis ins letzte Jahrhundert hinein viele Dorfbewohner nach Lateinamerika, um der Armut zu entfliehen. Das ist zum Glück vorbei. Der Tourismus sorgt inzwischen für ein gutes Auskommen. Überraschend gut gedeihen üppige Zitronen- und Orangenbäume, die die Bauern auf sorgsam angelegten Terrassenfeldern pflegen. Ein gutes Stück Wegs windet sich das dünne Asphaltband noch durch diese Bergwelt. Gelegentlich fällt der Blick hinab aufs Meer.

Haben Sie einen Pass überquert, kündigt heftiger Wind die Nordküste an, und der Ort *Buenavista del Norte (S. 30)* taucht vor Ihnen auf. Die einsame TF 445 führt von dort unterhalb der Steilküste zum äußersten Nordwesten Teneriffas. Vorsicht bei schlechtem Wetter! Gefährlicher Steinschlag ist dann an der Tagesordnung. Oft ist die Straße sogar offiziell gesperrt. Weiterfahren geschieht dann auf eigene Gefahr. Gut zu erkennen ist, dass die Region um Buenavista und die *Punta de Teno (S. 30)*, das Ziel dieser Tour, aus breiten Lavaströmen entstanden sind, die sich aus dem Inselinneren herabwälzten und hier neues Land schufen. Unterhalb der beiden Leuchttürme – den alten sieht man nur vom kleinen Steinstrand rechts der Straße – ist die Fahrt zu Ende. Halten Sie Ihre Hüte und Mützen gut fest, wenn Sie über die Klippen klettern. Hier bläst es jahrein, jahraus ziemlich heftig. In der geschützten Bucht links unter Ihnen malt der Wind dagegen erstaunliche Figuren auf die fast glatte Wasseroberfläche. Bei gutem Wetter zeichnet sich im Nordwesten klar die Nachbarinsel La Palma vor dem Horizont ab.

Nach so viel ungebändigter Natur kommt ein freundlicher Ort gerade recht. Nach zwanzigminütiger Autofahrt zurück erreichen Sie *Garachico (S. 27)*. Haben Sie gemerkt, dass auch dieser Ort auf einem Lavastrom steht? Als 1706 die Montaña Negra in der Teide-Region ausbrach, wurden weite Teile des wichtigen Handelshafens verschüttet. Nur das winzige Kastell und einige schöne Kolonialhäuser blieben wie durch ein Wunder verschont. Sie bilden noch immer das Zentrum der Altstadt, die zum Reizvollsten gehört, was Teneriffas Architektur zu bieten hat. Suchen Sie sich aus dem großen Angebot der Restaurants eines aus, das solide Inselkost in kanarischem Stil zubereitet. Fisch und Meeresfrüchte kommen täglich frisch auf den Tisch.

So gestärkt geht es weiter auf der TF 42 nach *Icod de los Vinos (S. 32)*, wo mit dem *Drago Milenario* eines der Wahrzeichen Teneriffas steht. Lassen Sie Ihren Wagen auf dem ausgeschilderten Großparkplatz stehen, und gehen Sie die letzten Meter zu Fuß. Auf dem Rückweg nach Puerto de Santiago liegt rechts hinter *El Tanque (S. 32)* an der TF 82 ein »Kamel-Zentrum«. Dass es sich bei den Tieren in Wirklichkeit um Dromedare handelt, tut dem Spaß beim Ritt auf einem der Wüstenschiffe keinen Abbruch. Von dort geht es direkt nach Hause. Der im Abendlicht leuchtende Teide ist dabei ein treuer Begleiter.

*Bei El Tanque auf Dromedaren gemütlich durch die Gegend schaukeln*

# Drachenfliegen, Wandern und Surfen

**Ob in der Luft, an Land oder im Wasser:
Hier findet sich für jeden Sportler etwas**

Da der Nordostpassat zuverlässig Teneriffas Küsten bestreicht, ist Windsurfen traditionell die beliebteste von vielen Wassersportarten. Bei Einheimischen ist Bodysurfen vor Playa de las Américas angesagt. Öffentliche Tennis- und Squashplätze gibt es in allen Ferienzentren. Sportgeräte leiht man sich direkt vor Ort. Außerdem im Angebot: Hochseefischen und Gokartfahren. Große jährliche Sportevents sind die Segelregatten *Copa del Cabildo* im März und der *Trofeo Infanta S.A.R. Cristina* im November sowie die Radrundfahrt *Vuelta Ciclista Isla de Tenerife* im September.

## BIKEN

Teneriffa per Bike ist bei der Elite der Straßenprofis wegen der steilen Bergstrecken und des milden Klimas im Winter äußerst beliebt. Körperliche Fitness und Kondition sind aber Voraussetzung für sportliches Radeln. Freizeitfahrer finden gute, flache Strecken nur auf den Küstenstraßen, müssen dort aber mit viel Verkehr rechnen. Doch nehmen

*Windsurfen im Weltmeister-
schaftsrevier von El Médano*

spanische Autofahrer traditionell Rücksicht auf Radler. Achtung: In Spanien besteht Helmpflicht. Mountainbiker können abseits der Straßen querfeldein treten. Eine tolle Bikerregion ist der *Paisaje Lunar* bei *Vilaflor.* In den Ferienzentren werden Räder tageweise für 12–18 Euro, wochenweise ab 75 Euro vermietet, z. B. bei *Diga Sports, Playa de las Américas, Avenida Rafael Puig 23, Tel. 922 79 30 09, Fax 922 17 68 37, www.digasports.de.* Geführte Touren kosten ab 41 Euro.

*Insider Tipp*

## DRACHENFLIEGEN

Drachen- und Gleitschirmfliegen ist überaus beliebt. Teneriffa hat 40 verschiedene Absprungplätze. Der beste, *Izaña,* liegt auf der *Cumbre Dorsal* in 2350 m Höhe hinter dem Observatorium. Ausrüstung und Schulung werden aber nur von privaten, spanischsprachigen Clubs angeboten.

## GOLF

Golfer können auf zwei 27-, vier 18- und zwei 9-Loch-Golfanlagen das ganze Jahr hindurch putten und abschlagen. Die Plätze dürfen von jedermann gegen Entrichtung des

Greenfees benutzt werden (Details dazu in den Regionenkapiteln).

## REITEN

Im Süden Teneriffas gibt es mehrere Reitställe. Über einen eigenen Stall verfügt auch der *Amarilla Golf & Country Club* bei *Los Abrigos*. Verschiedene Fincas haben sich auf Reiterferien spezialisiert. Die *Finca La Santa Isabel* in *Arico (La Degollada 2, Tel. 619 84 76 92, Fax 922 69 12 22, www.papierfuchs.de)* bietet Reitstunden und komplette Urlaubspakete mit Unterkunft an. Die *Finca Verde* bei *La Orotava* wirbt außerdem mit Spezialangeboten wie physiotherapeutischem Reiten *(Carretera Gral. Las Cañadas 273, Tel./Fax 922 33 40 07, www. fincaverde.com)*, Ausritte ab 45 Euro. Vom *Centro Hípico los Brezos* bei *Tacoronte* aus unternimmt Barbara Ausflüge zu Pferd in die noch intakten Wälder der Umgebung *(Tel. 686 48 06 33, www.reitenteneriffa.de)*, Ausritte ab 18 Euro.

## TAUCHEN

Tauchschulen offerieren Kurse und Exkursionen in die faszinierende Welt des Meeres – direkt vor der Küste. Während Schnorchler selbst in Strandnähe die einen oder anderen kleinen Fische zu sehen bekommen, können Scubataucher in Begleitung auch Barrakudas, Papageienfische, Mantas, Thunfische und mit Glück sogar Wale erleben. Der Fischreichtum ist groß und umfasst atlantische wie subtropische Meeresfauna gleichermaßen. Vor *Los Cristianos* kann man Korallenbänke besuchen, bei *Las Galletas* auf Rochen treffen oder vor *Puerto*

*de la Cruz* in Vulkanhöhlen tauchen. Auch Nachttauchen und Höhlentauchen sind möglich, und man kann ein untergegangenes Flugzeugwrack besuchen. Bei den Schulen können Sie alle Padi-Scheine bis zum Tauchlehrer erwerben.

Die deutsche Tauchschule *Centro de Buceo Atlantik* in *Puerto de la Cruz (Tel. 922 36 28 01)* und *Playa de las Américas (Tel. 922 71 79 11, www.atlantik-tauchen.de)* offeriert Kurse ab 220 Euro, Schnupperkurse (Sa, Mo, Mi) sind gratis.

Der *Barakuda Club Tenerife* in *Playa Paraiso* hat ein breites Tourenprogramm *(Tel. 922 74 18 81, www.teneriffa-tauchen.de)*. *Ocean Trek* bietet Dives mit Ausrüstung (45 Euro) und Open-Water-Padi-Kurse (348 Euro) an *(Playa de las Américas, beim Hotel Sol Tenerife, Tel. 922 75 34 72, www.tenerifediving.com)*.

## WANDERN

Teneriffa ist ein Wanderparadies. Gut zwei Dutzend Gebiete weisen Wege aller Längen und Schwierigkeitsgrade aus. Zu den schönsten gehören sicherlich der *Barranco del Infierno,* das *Valle de la Orotava,* das *Anaga-Gebirge* und der *Parque Nacional del Teide.* Auf eigene Faust zu wandern ist wegen des mangelhaften Kartenmaterials vor Ort oft schwierig. Hinzu kommt, dass viele der Wege schlecht ausgeschildert oder gar gefährlich sind, besonders wenn das Wetter umschlägt oder unvermittelt die Nacht hereinbricht. Gute Vorbereitung, ausreichend Proviant und Vorsicht sind also angebracht. Interessierte sollten sich besser an einer organisierten und geführten Wanderung

*Bei Masca im Inselwesten gibt es herrliche Wanderrouten*

beteiligen. Mehrere Agenturen und erfahrene Wanderführer bieten ihre Dienste in den Ferienorten an.

*Senderismo Gregorio* in *Puerto de la Cruz* veranstaltet geführte Touren, die meist einen Tag dauern und zwischen 30 und 42 Euro kosten *(Reservierung: Hotel Tigaiga, Tel. 922 38 35 00, www.gregorioteneriffa.de)*. Auch *Diga-Sports* hat deutsch geführte Touren im Programm, die für fast jedermann geeignet sind *(Playa de las Américas, Avenida Rafael Puig 23, Tel. 922 79 30 09, www.digasports.de)*. Spannend und unterhaltsam (auf Deutsch) sind die beiden botanischen Ausflüge (10 bzw. 27 Euro) mit dem Biologen *Cristóbal Coviella Ulrich (Tel. 607 67 72 52)*.

## WELLENREITEN

Wellenreiter finden sehr gute Möglichkeiten im Norden, allerdings ist die Anfahrt zum schönsten Revier, der *Playa de Benijo* hinter dem Anaga-Gebirge, sehr Zeit raubend. Weitere gute Spots sind die *Playa del Socorro* und die *Playa Punta Brava* westlich von Puerto de la Cruz. Auch bei *El Médano* im Süden herrschen mitunter gute Bedingungen.

## WINDSURFEN

Die Topspots liegen entlang der Südostküste, wo man im Winter bei Windstärken meist um 5, im Sommer auch bis zu 8, durch die Wellen toben kann. *El Cabezo* und *La Jaquita* (Stärke 4–8) sind nur für Cracks empfehlenswert, vor der Küste bei *El Médano* (Stärke 3–5) werden jedes Jahr Weltmeisterschaftsrennen durchgeführt. Anfänger haben es leichter vor der *Playa de las Américas* und entlang der Westküste, die beide windgeschützter liegen. Die beste Windsurfschule liegt beim *Hotel Calimera Atlantic Playa* in *El Médano*.

# Spaß für die ganze Familie

**Alle Arten Tiere im Papageienpark, vielfacher Wasserspaß, Wissenschaft zum Anfassen: Für Abwechslung ist gesorgt**

Kleine Gäste sind wichtige Gäste. In den großen Ferienanlagen gibt es für sie eigene Pools, Spielecken, manchmal auch Aufsicht und Animation (bei Reisebuchung erfragen). Die geschützten Strände von Los Cristianos bis Los Gigantes sind für Kinder gut geeignet. Supermärkte führen alles für Kleinkinder. Am Dreikönigstag – *Los Reyes Magos* – gibt es in vielen Orten Kinderumzüge. Ebenso während des Karnevals, wo die Kinder auch ihre eigene Königin wählen. Dies mitzuerleben, ist ein aufregendes Erlebnis für die Kleinen (Infos bei den Touristenbüros).

## DER NORDWESTEN

### Deutsche Schule          [118 C1]

Sei es beim Einkaufsbummel oder dem Besuch von Museen und Kirchen – gelangweilte oder nörgelnde Kinder können das Urlaubsklima für alle schon mal trüben. Die Deutsche Schule in Puerto de la Cruz hat sich daher einen tollen Service für Eltern einfallen lassen, die auch einmal etwas ohne ihre

*Ein pinkes Pantherchen beim Kinderkarneval in Puerto de la Cruz*

Kleinen unternehmen möchten. Von montags bis freitags von 8.45 bis 13.15 Uhr nimmt der Schulkindergarten Kinder zwischen vier und sechs Jahren auf, sei es für einen Vormittag oder gar für mehrere Wochen. Ein Vormittag kostet 18 Euro, bei längerer Zeit gibt es Rabatt. *Voranmeldung erforderlich vormittags unter Tel. 922 38 40 62; Calle San Rafael 3 (im Stadtteil San Antonio)*

### Lago de Martiánez          [118 C1]

Puerto de la Cruz ist zwar der beliebteste Badeort an Teneriffas Nordküste, besitzt aber nur wenige Strände. Da außerdem der Atlantik meist mit voller Wucht gegen die Playas brandet, können Kinder hier nicht sicher baden. César Manrique, der geniale Architekt und Landschaftsgestalter aus Lanzarote, wusste Abhilfe: 1977 entwarf er die Promenade Lido San Telmo und den Lago de Martiánez, eine auf unterschiedlichen Ebenen in den Küstenfelsen angelegte Badelandschaft mit Wasserfällen, Fontänen, Cafeterias und einem Restaurant. Mehrere große Meerwasserpools, ein See mit Inseln aus Lavagestein und viel Grün ziehen heute täglich viele Besucher an. Für Kinder gibt

*Delphinshows sind nur eine von vielen Attraktionen im Loro Parque*

es Klettermöglichkeiten. Geeignet ab acht Jahren. *Tgl. 10–17 Uhr, Eintritt 3,30 Euro, Kinder 1,10 Euro, Costa Martiánez*

**Loro Parque**                [118 B1]
★ Ein Freizeitzentrum der Superlative ist dieser riesige Papageienpark – mit 12 ha Fläche das größte der Kanarischen Inseln. Es liegt am Ende der Playa Jardín und besteht aus Parks, tropischen Gärten, weitläufigen Tiergehegen, Aquarien und Arenen für Showveranstaltungen. Hier wurde die weltweit größte Zahl Papageien an einem Ort versammelt, unter ihnen auch sehr seltene Arten, die man im Loro Parque sogar züchtet. Längst werden auch andere Tiere gehalten – von Tigern und Krokodilen über Gorillas bis zu Fledermäusen. Delphin- und Seelöwenshows unterhalten die Besucher, Haien kann man sich in einem Unterwassertunnel auf Tuchfühlung nähern. Ein Panoramakino erschließt dem Menschen die Welt aus der Vogelperspektive. Topattraktion ist aber der *Planet Penguin*. Im größten Pinguinarium der Welt leben bei Temperaturen um den Gefrierpunkt unter einer gewaltigen Kuppel, aus der ständig künstlich erzeugter Schnee rieselt, etwa 200 Tiere – vor allem Königspinguine. Durch Glasscheiben kann man ihnen beim Tauchen und Fressen zusehen. In einem riesigen Plexiglaszylinder tummeln sich rund 20 000 Fische: ein grandioser Anblick. Alle Gehege sind mustergültig angelegt. Ein afrikanischer Markt, ein thailändisches Dorf, ein Orchideenhaus sowie Restaurants und Cafeterias runden das Angebot ab. Auch einen Spielplatz gibt es. Geeignet für Kinder ab vier Jahren. *Tgl. 8.30–18 Uhr, Eintritt 22 Euro, Kinder 10,50 Euro, Playa Punta Brava (alle 20 Min. Gratis-Minizug ab Playa Martiánez), www.loroparque.com*

## DER NORDOSTEN

### Museo de la Ciencia
### y el Cosmos                [114 B3]

An interaktiven Geräten und an-
hand verständlicher Beispiele des
täglichen Lebens lernen Kinder ab
ca. acht Jahren im Wissenschafts-
museum in La Laguna spielend Universum, Erde und Mensch verste-
hen. Kurze Erklärungen auch auf
Deutsch. *Di–So 9–19 Uhr, Eintritt
3 Euro, So frei*

### Parque Marítimo
### César Manrique            [114 C4]

Das Freibad der Hauptstadt mit
mehreren Pools, einem großen Kin-
derbecken, Inseln aus Vulkanstein
und weiten Liegeflächen beruht auf
einem Entwurf des Architekten César Manrique. Kleine Cafeterias sorgen fürs leibliche Wohl. Da es für
die Einheimischen betrieben wird,
ist der Eintrittspreis niedrig. *Tgl.
10–17 Uhr, Eintritt 2,50 Euro, Kinder 1,20 Euro, Avenida de la Constitución 5*

## DER SÜDWESTEN

### Aquapark Tenerife         [121 D4]

Dieses Salzwasserfreizeitbad in der
Siedlung San Eugenio ist mehr als
4,5 ha groß. Es gibt Pools, unterschiedliche Wasserrutschen und
-röhren, Wasserfälle und einen trägen Fluss, auf dem man sich durch
die Anlage treiben lassen kann. Del-
phinarium mit täglichen Shows.
Kinder haben eigene Pools und
Spielplätze. Es gibt Snackbars und
Läden. Liegen etc. und Shows muss
man extra bezahlen. Für Familien
mit Kindern ab drei Jahren empfehlenswert. *Tgl. 10–18 Uhr, Eintritt
21 Euro, Kinder 15 Euro, San Euge-*
*nio Alto, Anfahrt: Autopista del Sur,
Ausfahrt Nr. 29*

### El Laguillo               [116 B5]

Für Familien ist dieses kleine Freibad mit Liegen, Pools und Cafeteria
eine gute Strandalternative in *Los
Gigantes. Tgl. 9.30–17.30 Uhr, Eintritt 4,50 Euro, Kinder bis 7 Jahre
3 Euro, Wochenabo 28,50 bzw. 19
Euro, Liegen inkl.*

### Parque Las Águilas       [121 D4]

★ Der bei Los Cristianos liegende
weitläufige Dschungelpark mit über
7 ha üppiger Vegetation, Seen und
Wasserfällen ist die Heimat einer
Vielzahl von Raubvögeln. Zu sehen
sind Adler, Kondore, Falken, Eulen
und andere Greife bei der Fütte-
rung, der Abrichtung und beim
Beutefang. Außerdem gibt es u. a.
weiße Tiger, Löwen, Leoparden
und Panther, Pinguine, Pelikane,
Marabus, Flusspferde, Krokodile
und Orang-Utans zu bestaunen. Cafeterias und ein Kaktusgarten runden das Angebot ab. Klettergeräte,
Hängebrücken und für die ganz
Kleinen Tretboote auf einem Mini-
see finden großen Anklang. Gut geeignet für Kinder ab acht Jahren.
*Tgl. 10–18 Uhr, Eintritt 19 Euro,
Kinder 9 Euro, Anfahrt: Carretera
Los Cristianos–Arona, km 4 (Gratisbusse aus dem Süden)*

### Sky Park                  [121 D4]

Im Bungeezentrum gibt es einen
schönen Kleinkinderpool mit vielen
Wasserrutschen. Die Größeren versuchen sich beim Kinderbungee
oder ersteigen das Freeclimbingge-
rüst. Geeignet für Kinder ab vier
Jahren. *Tgl. 9.30–20 Uhr, Eintritt
14 Euro, Kinder 8 Euro, Torviscas
Bajo, Calle Castilla s/n*

# Angesagt!

**Was Sie wissen sollten über Trends, die Szene und Kuriositäten auf Teneriffa**

## Öffentliche Liebe

Ungestört Händchen halten auf Papas Sofa, Petting im Jungmädchenzimmer – für fast alle jungen Kanarier ist dies unmöglich. Traditionelle Einstellungen der Eltern verhindern das. Beziehungen werden also auf der Straße gelebt, auf den Strandpromenaden, in Parks und Diskos. Dort trifft man sich, schmust, redet und verlebt seine Jugend in der Anonymität der Öffentlichkeit.

## Musik

Internationale Popmusik, vor allem seit der Latinowelle in den USA, ist natürlich auch auf Teneriffa angesagt. Doch einheimische Musik hat ebenfalls großen Erfolg. Bekanntester Star ist der Liedermacher *Pedro Guerra,* dessen CD »Ofrenda« zum Topseller wurde. Auch *Chiqui Pérez* (CD »Sin Red«) interpretiert Lieder von Guerra. *Benito Cabrera* spielt klassische Folklore auf der Timple, *Gato Gótico* (CD »Ahul«) bringt guten Latino- und Modern-Jazz. *Soul Sanet* ist für Funk und Soul zuständig.

## Bier und gute Laune

Diskos sind zwar nicht out, doch immer mehr Jungvolk verbringt seine Abende in Bierbars, in denen nicht nur Hopfen und Malz in Strömen fließen. Sie schießen in den Städten wie Pilze aus dem Boden, sind hell, offen und haben oft weite Terrassen, auf denen man bei Rock- und Popmusik mit Freunden herrlich den Tag ausklingen lassen kann.

## Sport

Fußball ist top – auf dem Platz und vor dem Fernseher. Spielen Vereine wie Real Madrid, sind die Straßen wie leer gefegt. Ein gutes Rennrad und Profioutfit gelten bei Jugendlichen als sexy, und die halbe Insel ist am Wochenende auf den Bergstraßen zu finden. Bodysurfen und – für Begüterte – Kitesurfen sind dabei, dem Windsurfen den Rang als Wassersport Nummer 1 streitig zu machen.

## Fun im Internetcafé

Jugendliche treffen sich abends in den Internetshops von Santa Cruz und Puerto de la Cruz, um Videogames zu spielen. Hier sind sie unter sich, müssen kein Geld für Getränke ausgeben und können sich so ihrem Vergnügen oft stundenlang hingeben.

# Von Anreise bis Zoll

**Hier finden Sie kurz gefasst die wichtigsten Adressen und Informationen für Ihre Reise nach Teneriffa**

## ANREISE

Charterflüge sind die bequemste und billigste Anreise. Hapag Lloyd, LTU und Air Berlin fliegen direkt von vielen Städten in 4–5 Stunden zur Insel. Flüge ohne Hotelbuchung kosten 300–450 Euro. Der *Flughafen Reina Sofía* liegt etwa 20 Autominuten von Playa de las Américas und Los Cristianos entfernt und etwa 1 Stunde von Puerto de la Cruz. Linienbusse fahren nach Playa de las Américas (Linie 487; 2,50 Euro), Santa Cruz de Tenerife (Linie 341; 4,80 Euro) und Puerto de la Cruz (Linie 340; 8 Euro). Taxi nach Los Cristianos/Playa de las Américas 18–20 Euro, nach Puerto de Santiago ca. 35 Euro und nach Puerto de la Cruz 72–75 Euro.

Linienflüge mit Iberia oder Lufthansa sind teurer und umständlicher, da sie stets einen Stopover haben. Sie landen, so wie alle innerkanarischen Flüge, auf dem *Flughafen Tenerife Norte* bei La Laguna. *Flugauskunft: Tel. 922 63 59 99.*

Vom südspanischen Cádiz fährt dienstags um 18 Uhr die Autofähre der Compañía Trasmediterránea in 44 Stunden über Las Palmas nach Santa Cruz de Tenerife (Rückfahrt samstags). Die einfache Überfahrt kostet ab 215 Euro pro Person (in 4-Bett-Kabine). Ein PKW kostet 176 Euro. Buchung über Reisebüros.

## AUSKUNFT VOR DER REISE

**Spanische Fremdenverkehrsämter**

– *Kurfürstendamm 63, 10707 Berlin, Tel. 030/882 65 43, Fax 882 66 61, berlin@tourspain.es, www.spain.info*
– *Grafenberger Allee 100, 40237 Düsseldorf, Tel. 0211/680 39 81, Fax 680 39 85, dusseldorf@tourspain.es*
– *Myliusstraße 14, 60323 Frankfurt, Tel. 069/72 50 33, Fax 72 53 13, frankfurt@tourspain.es*
– *Schubertstraße 10, 80336 München, Tel. 089/530 74 60, Fax 53 07 46 20, munich@tourspain.es*
– *Walfischgasse 8–14, 1010 Wien, Tel. 01/512 95 80, Fax 512 95 81*
– *Seefeldstrasse 19, 8008 Zürich, Tel. 01/252 79 30, Fax 252 62 04*

## AUSKUNFT AUF TENERIFFA

**Flughafen Reina Sofía**
*Ankunfthalle; Mo–Fr 9–21, Sa 9–13 Uhr; Tel. 922 39 20 37. Flugauskünfte Tel. 922 75 90 00*

## AUTO

Die Straßen sind gut ausgebaut und sicher. Höchstgeschwindigkeit: innerorts 50 km/h, auf Landstraßen 90 km/h und auf den Autobahnen 120 km/h. Promillegrenze: 0,5.

## BUSSE

Die Busse nennen sich auf den Kanaren *guaguas* (sprich: uahuah). Vom zentralen Busbahnhof *Estación de Guaguas* an der Avenida 3 de Mayo 47 in Santa Cruz fahren die grünen Linienbusse der TITSA zu fast allen Orten auf Teneriffa. Die Linien 103 (nach Puerto de la Cruz) und 110 (nach Los Cristianos/Playa de las Américas) sind Schnellbusse. Neben übersichtlichen Fahrplänen gibt es das Infoblatt »A la playa en Guagua« mit den Busverbindungen zu den Stränden. Das Aboticket *Bono-Bus* für 12–30 Euro können Sie an den Busbahnhöfen in Santa Cruz und den Ferienorten erwerben, es bietet auf allen Strecken 25 Prozent Ermäßigung. Unter *Tel. 922 53 13 00* gibt es Auskünfte rund um die Uhr (in Spanisch und Englisch), ebenso im Internet unter *www.titsa.com.*

## CAMPING

Wildes Zelten ist grundsätzlich verboten. Teneriffa hat drei Campingplätze: *Camping-Caravaning »Nauta« (Cañada Blanca, Ctra 6225, km 1,5, Las Galletas, Arona, Tel. 922 78 51 18, Fax 922 79 50 16); Camping »El Castillo de Himeche« S. L. (Guía de Isora, Tel. / Fax 922 69 30 63); Camping »Playa de la Arena« (Taraconte, Tel. 669 81 15 35).* Die ersten beiden verfügen auch über Installationen für Wohnmobile.

Die kostenlose Benutzung der zum Teil sehr schön gelegenen öffentlichen Zeltplätze in den Bergen (mit und ohne sanitäre Einrichtungen) ist nach Genehmigung durch die *Oficina de Medio Ambiente*

in *La Laguna (Casa Cuna, Tel. 922 23 91 99; spanisch)* möglich. Bei Rundreisen mit dem Caravan kann man auf öffentlichen Parkplätzen und an Straßen zumindest eine Nacht verbringen, an abgelegenen Stellen auch länger.

## DIPLOMATISCHE VERTRETUNGEN

### Deutsches Konsulat
*Mo–Fr 9–12 Uhr, Calle Albareda 3, Las Palmas (Gran Canaria), Tel. 928 49 18 80*

### Österreichisches Konsulat
*Mo–Fr 10–12 Uhr, Calle Villalba Hervás 9, 5. Stock, Santa Cruz de Tenerife, Tel. 922 24 37 99*

### Schweizer Konsulat
*Mo–Fr 9–13 Uhr, Calle Domingo Rivero 2, Las Palmas (Gran Canaria), Tel. 928 29 34 50*

## FKK

Oben ohne wird überall toleriert. FKK ist aber nur an wenigen Stränden üblich, z. B. westlich der Montaña Roja bei *El Médano,* an der *Playa de Montaña Amarilla* (Costa del Silencio) und der *Playa de las Gaviotas* bei der Playa de las Teresitas. Gern gesehen werden Nacktbader aber von Einheimischen nicht.

## GESUNDHEIT

Das größte Risiko für Touristen ist die hohe Sonneneinstrahlung (auch im Winter). Sonnenbrände zum Urlaubsbeginn sind daher häufig. Eine Sonnenschutzcreme mit hohem Lichtschutzfaktor (ab 8) sollte deshalb jeden Tag aufgetragen werden.

Wichtig ist auch eine schützende Kopfbedeckung.

## Ärzte und Kliniken

Wer das Formular E 111 seiner Krankenkasse dabeihat, wird von Ärzten in Ambulatorien und Kliniken, die der Seguridad Social angeschlossen sind, kostenfrei behandelt. Andernfalls sollte man eine detaillierte Rechnung *(factura)* verlangen, um sich zu Hause die Auslagen erstatten zu lassen.

Santa Cruz de Tenerife: *Hospital Nuestra Señora de la Candelaria, 24-Std.-Service, Carretera Rosario 145, Tel. 922 60 20 00*

Playa de las Américas/Los Cristianos: *Ärztezentrum Salus, 24-Std.-Service, Playa de las Américas, Calle República de Panamá, Tel. 900 10 01 44 (Gratis-Sammelnummer für alle Salus-Zentren). Hospital Costa Adeje an der Auto-bahnausfahrt San Eugenio, Tel. 922 79 10 00. Hospiten Sur, 24-Std.-Service u. Hotelbesuche, Tel. 922 75 76 00*

Puerto de la Cruz: *Ärztezentrum Salus, 24-Std.-Service, Calle Valois 43, Tel. 900 10 01 44*

Puerto de Santiago/Los Gigantes: *Ärztezentrum Salus, 24-Std.-Service, Avenida Marítima 43, Tel. 900 10 01 44*

## Apotheken

Apotheken *(farmacias)* sind am grünen Malteserkreuz zu erkennen *(Mo–Fr 9–13 u. 16–19 Uhr, Sa 9–13 Uhr)*. Das Schild *Farmacia de Guardia* weist auf die nächste Apotheke mit Notdienst hin.

## INTERNET

Unter *www.tenerife.com* finden Sie Serviceanbieter (Golfplätze, Hotels,

Restaurants, Mietwagen, Kultureinrichtungen). *www.kanaren-virtuell.de* bietet Urlaubsinformationen zu vielen Themen von Museen über Strände bis zu Autotouren. Im Stil einer Onlinezeitung informiert *www.ecanarias.com* auf Deutsch über alle Inseln und bietet ein breites Serviceangebot (Adressen, Wetter etc.) zu jeder einzelnen. Im Dienst *www.canariasonline.com* finden Sie sehr übersichtlich strukturiert viele Inselinfos und touristische Angebote.

### INTERNETCAFÉS

– *Cyberbit, Av. Obispo Benítez de Lugo 19, La Orotava, Tel. 922 32 37 15, ciberaldea@hotmail.com*
– *Cyberdream, CC La Cúpula, Santa Cruz de Tenerife, info@cyberdream.4t.com*

– *Informática el Camisón, Calle Antonio Domínguez 47, Playa de las Américas*
– *Internet Café PL@ZA, Centro Comercial Olimpia, Plaza del Charco, Puerto de la Cruz, Tel. 922 37 66 78, www.plazadelcharco.com*
– *Office Point, Bulevar Chajofe 10, Los Cristianos, Tel. 922 78 81 13, office-point@teleline.es*

### KLIMA & REISEZEIT

Das milde Klima zeichnet sich durch geringe Temperaturschwankungen aus. Im regenarmen Süden fallen die Temperaturen auch im Winter selten unter 18 Grad und steigen kaum über 24 Grad. Im Sommer werden jedoch ohne weiteres wochenlang 30 Grad und mehr gemessen. Schwache Luftströmungen sorgen dann auch in

## Wetter in Santa Cruz

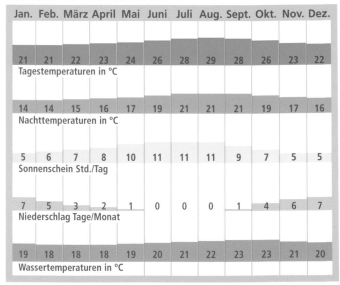

| | Jan. | Feb. | März | April | Mai | Juni | Juli | Aug. | Sept. | Okt. | Nov. | Dez. |
|---|---|---|---|---|---|---|---|---|---|---|---|---|
| Tagestemperaturen in °C | 21 | 21 | 22 | 23 | 24 | 26 | 28 | 29 | 28 | 26 | 23 | 22 |
| Nachttemperaturen in °C | 14 | 14 | 15 | 16 | 17 | 19 | 21 | 21 | 21 | 19 | 17 | 16 |
| Sonnenschein Std./Tag | 5 | 6 | 7 | 8 | 10 | 11 | 11 | 11 | 9 | 7 | 5 | 5 |
| Niederschlag Tage/Monat | 7 | 5 | 3 | 2 | 1 | 0 | 0 | 0 | 1 | 4 | 6 | 7 |
| Wassertemperaturen in °C | 19 | 18 | 18 | 18 | 19 | 20 | 21 | 22 | 23 | 23 | 21 | 20 |

mittleren Höhenlagen für drückende Hitze. Die Temperaturen im Nordosten liegen oft erheblich niedriger als im Süden.

Oberhalb von 500 m kann es nachts und im Winter empfindlich kalt werden. Deshalb gehören neben einer Kopfbedeckung auch Pullover, Windjacke und Regenschutz ins Reisegepäck.

Da die Wassertemperaturen auf Teneriffa stets zwischen 18 und 24 Grad liegen, lädt das Meer 365 Tage im Jahr zum Baden ein. Die beste Reisezeit sind die Monate November bis März. Während der spanischen Ferienmonate August und September und in der Zeit um Ostern sind die Hotels oft überfüllt.

## Was kostet wie viel?

| | |
|---|---|
| **Taxi** | **70 Cent**<br>pro gefahrenen km |
| **Kaffee** | **80 Cent**<br>für eine Tasse Kaffee |
| **Wasser** | **1,20 Euro**<br>für eine kleine Flasche |
| **Wein** | **ab 1,50 Euro**<br>für ein Glas (0,2 l) |
| **Benzin** | **61 Cent**<br>für 1 l Eurosuper |
| **Tapa** | **ab 2 Euro**<br>für einen kleinen Snack |

### LÄNDLICHER TOURISMUS

Wer auf Teneriffa Urlaub macht, muss dies nicht in einer Hotel- oder Bungalowanlage tun. Eine Hand voll Agenturen vermietet mehr als 50 Unterkünfte auf dem Land – von der Finca für zehn Personen bis zur Felsenhöhle. Sie sind meist komplett renoviert und modern ausgestattet, die Preise sind wesentlich niedriger als in einem Touristenhotel.

Wichtigste Vermittler und mit EU-Geldern gefördert sind die *Attur (Asociación Tinerfeña de Turismo Rural)* mit gut zwei Dutzend Häusern *(Mo–Fr 9–14 Uhr, Santa Cruz de Tenerife, Calle Castillo 41, Tel. 902 21 55 82, Fax 922 53 10 34, www.ecoturismocanarias.com)* und die *Aecan (Alojamientos Rurales en Canarias)* mit ca. 50 Häusern *(Santa Cruz de Tenerife, Avenida Tres de Mayo 12, Tel. 922 59 50 19, Fax 922 59 50 83, www.aecan. com)*.

### MEDIEN

Über Kabel und Satellit können in vielen Hotel- und Apartmentanlagen deutsche Fernsehprogramme und eine Reihe internationaler Sender empfangen werden. Die Deutsche Welle sendet 24 Stunden täglich Radioprogramm auf mehreren Kurzwellenfrequenzen. Die deutschsprachige Zeitung »Wochenspiegel« *(www.wochenspiegel-kanaren.com)* mit Nachrichten aus Teneriffa gibt es an vielen Zeitungsständen.

### MIETWAGEN

Mietwagenfirmen sind in den Flughäfen, allen Ferienzentren und vielen Hotels vertreten. Der Konkurrenzkampf ist groß, die Preise entsprechend niedrig. Ein Kleinwagen kostet ab ca. 20 Euro pro Tag (inkl. Steuern und Vollkaskoversicherung). Geländewagen, Trikes und

Motorräder, die man auch mieten kann, sind erheblich teurer. Angebote zu Mietwagen finden Sie auch unter *www.marcopolo.de.*

## NOTRUFE

Sammelnummer für Notfälle aller Art: *112.* Service auch auf Deutsch.

## POST

Briefe und Postkarten ins EU-Ausland und die Schweiz kosten 0,52 Euro. Wertsendungen und Pakete sollten möglichst eingeschrieben *(certificado)* versandt werden. Im Postamt *(correos)* kauft man Briefmarken und gibt Telegramme auf. *Postämter sind Mo–Fr 8.30–14.30 Uhr, in Santa Cruz und Puerto de la Cruz bis 20.30 Uhr geöffnet, Sa vormittags ebenfalls.*

Neben der staatlichen Post gibt es auch Privatanbieter, die eigene Briefmarken ausgeben. Mit diesen Marken frankierte Post muss in blaue oder rote Briefkästen geworfen werden!

## PREISE

Die Preise für Dienstleistungen (z.B. Reparaturen) sind wesentlich niedriger als bei uns. Lebensmittel, besonders importierte (und das sind die meisten), sind z. T. deutlich teurer als zu Hause.

## TAXIS

Alle Taxis sind lizenziert und mit Taxameter ausgestattet, das vor jeder Fahrt eingeschaltet werden muss. Bei Inselrundfahrten sollten Sie den Preis unbedingt vorher vereinbaren.

## TELEFON & HANDY

Nach Hause telefonieren können Sie mit Münzen oder Telefonkarten (*teletarjeta,* bei der Post und Zeitungskiosken erhältlich) in jeder Telefonzelle, die den Vermerk *internacional* trägt. Ein Drei-Minuten-Gespräch nach Deutschland kostet ab etwa 2 Euro. In den Ferienorten gibt es Telefonzentralen, in denen man nach Beendigung des Gesprächs bezahlt.

Vorwahl Deutschland 0049, Österreich 0043, Schweiz 0041, danach Ortsnetzkennzahl ohne 0 und dann die Teilnehmernummer. Vorwahl Teneriffa 0034, dann direkt die Teilnehmernummer.

Für Handybenutzer variieren die Minutentarife für Telefonate nach Hause zwischen 1 und 3 Euro. Auch für jeden empfangenen Anruf ist ca. 1 Euro/Minute fällig.

## ZEIT

Auf den Kanaren ist es eine Stunde früher als bei uns, also: Mitteleuropäische Zeit minus eine Stunde. Die Inseln machen den Sommerzeitwechsel mit.

## ZOLL

Bei Ein- und Ausreise auf die/aus den Kanarischen Inseln findet keine Zollkontrolle statt, bei der Einreise nach Deutschland und Österreich wegen der EU-Zugehörigkeit in der Regel auch nicht. Auf Grund des besonderen Steuerstatus der Inseln gelten aber Höchstgrenzen (auch für die Schweiz): 200 Zigaretten bzw. 50 Zigarren bzw. 250 g Tabak. 1 l Spirituosen, 2 l Wein. 50 g Parfum bzw. 0,25 l Eau de Cologne.

# ¿Hablas español?

**»Sprichst du Spanisch?«**
**Dieser Sprachführer hilft Ihnen, die wichtigsten**
**Wörter und Sätze auf Spanisch zu sagen**

| | |
|---|---|
| Zur Erleichterung der Aussprache: | |
| c | vor »e« und »i« spricht man auf den Kanaren wie ein »s« |
| ch | stimmloses »tsch« wie in »tschüss« |
| g | vor »e, i« wie deutsches »ch« in »Bach« |
| gue, gui/que, qui | das »u« ist immer stumm, wie deutsches »g«/»k« |
| j | immer wie deutsches »ch« in »Bach« |
| ll, y | wie deutsches »j« zwischen Vokalen. Bsp.: Mallorca |
| ñ | wie »gn« in »Champagner« |

## AUF EINEN BLICK

| | |
|---|---|
| Ja./Nein. | Sí./No. |
| Vielleicht. | Quizás./Tal vez. |
| In Ordnung./Einverstanden! | ¡De acuerdo!/¡Está bien! |
| Bitte./Danke. | Por favor./Gracias. |
| Vielen Dank! | Muchas gracias. |
| Gern geschehen. | No hay de qué./De nada. |
| Entschuldigung! | ¡Perdón! |
| Wie bitte? | ¿Cómo dice/dices? |
| Ich verstehe Sie/dich nicht. | No le/la/te entiendo. |
| Ich spreche nur wenig ... | Hablo sólo un poco de ... |
| Können Sie mir bitte helfen? | ¿Puede usted ayudarme, por favor? |
| Ich möchte ... | Quiero .../Quisiera .../Me gustaría ... |
| Das gefällt mir (nicht). | (No) me gusta. |
| Haben Sie ...? | ¿Tiene usted ...? |
| Wie viel kostet es? | ¿Cuánto cuesta? |

## KENNENLERNEN

| | |
|---|---|
| Guten Morgen! | ¡Buenos días! |
| Guten Tag! | ¡Buenos días!/¡Buenas tardes! |
| Guten Abend! | ¡Buenas tardes!/¡Buenas noches! |
| Hallo! Grüß dich! | ¡Hola! ¿Qué tal? |
| Ich heiße ... | Me llamo ... |
| Wie ist Ihr Name, bitte? | ¿Cómo se llama usted, por favor? |
| Wie geht es Ihnen/dir? | ¿Cómo está usted?/¿Qué tal? |

| Danke. Und Ihnen/dir? | Bien, gracias. ¿Y usted/tú? |
| Auf Wiedersehen! | ¡Adiós! |
| Tschüss! | ¡Adiós!/¡Hasta luego! |
| Bis morgen! | ¡Hasta mañana! |

## UNTERWEGS

### Auskunft

| links/rechts | a la izquierda/a la derecha |
| geradeaus | todo seguido/derecho |
| nah/weit | cerca/lejos |
| Wie weit ist das? | ¿A qué distancia está? |
| an der Ampel | al semáforo |
| an der nächsten Ecke | en la primera esquina |
| Bitte, wo ist ... | Perdón, ¿dónde está ... |
| ... der Busbahnhof? | ... la estación (de guaguas)? |
| ... die Haltestelle? | ... la parada? |
| Fahrplan | horario |
| Eine Fahrkarte nach ... bitte. | Un billete para ..., por favor. |
| Ich möchte hier aussteigen. | Quiero bajar aquí. |
| Ich möchte ... mieten. | Quisiera alquilar ... |
| ... ein Auto... | ... un coche. |
| ... ein Boot... | ... un barco. |

### Panne

| Ich habe eine Panne. | Tengo una avería. |
| Würden Sie mir bitte einen Abschleppwagen schicken? | ¿Puede usted enviarme un cochegrúa, por favor? |
| Gibt es hier in der Nähe eine Werkstatt? | ¿Hay algún taller por aquí cerca? |

### Tankstelle

| Wo ist bitte die nächste Tankstelle? | ¿Dónde está la gasolinera más cercana, por favor? |
| Ich möchte ... Liter ... | Quisiera ... litros de ... |
| ... Normalbenzin. | ... gasolina normal. |
| ... Super./... Diesel. | ... súper./... diesel. |
| Voll tanken, bitte. | Lleno, por favor. |

### Unfall

| Hilfe! | ¡Ayuda! / ¡Socorro! |
| Achtung! | ¡Atención! |
| Rufen Sie bitte schnell ... | Llame enseguida ... |
| ... einen Krankenwagen. | ... una ambulancia. |
| ... die Polizei. | ... a la policía. |
| ... die Feuerwehr. | ... a los bomberos. |

| | |
|---|---|
| Haben Sie Verbandszeug? | ¿Tiene usted botiquín de urgencia? |
| Es war meine Schuld. | Ha sido por mi culpa. |
| Es war Ihre Schuld. | Ha sido por su culpa. |
| Geben Sie mir bitte Ihren Namen und Ihre Anschrift. | ¿Puede usted darme su nombre y dirección? |

## ESSEN/UNTERHALTUNG

| | |
|---|---|
| Wo gibt es hier ... | ¿Dónde hay por aquí cerca ... |
| ... ein gutes Restaurant? | ... un buen restaurante? |
| ... ein nicht zu teures Restaurant? | ... un restaurante no demasiado caro? |
| Reservieren Sie uns bitte für heute Abend einen Tisch für vier Personen. | ¿Puede reservarnos para esta noche una mesa para cuatro personas? |
| Die Speisekarte, bitte. | La carta, por favor. |
| Könnte ich bitte ... haben? | ¡Tráigame..., por favor! |
| ... ein Messer? | ... un cuchillo? |
| ... eine Gabel? | ... un tenedor? |
| ... einen Löffel? | ... una cuchara? |
| Auf Ihr Wohl! | ¡Salud! |
| Bezahlen, bitte. | ¡La cuenta, por favor! |

## EINKAUFEN

| | |
|---|---|
| Wo finde ich ... | Por favor, ¿dónde hay ... |
| ... eine Apotheke? | ... una farmacia? |
| ... eine Bäckerei? | ... una panadería? |
| ... ein Fotogeschäft? | ... una tienda de artículos fotográficos? |
| ... ein Einkaufszentrum? | ... un centro comercial? |
| ... ein Lebensmittelgeschäft? | ... una tienda de comestibles? |
| ... den Markt? | ... el mercado? |

## ÜBERNACHTUNG

| | |
|---|---|
| Können Sie mir bitte ... empfehlen? | Perdón, señor/señora/señorita. ¿Podría usted recomendarme ... |
| ... ein Hotel... | ... un hotel? |
| ... eine Pension... | ... una pensión? |
| Ich habe ein Zimmer reserviert. | He reservado una habitación. |
| Haben Sie noch ... | ¿Tienen ustedes ...? |
| ... ein Einzelzimmer? | ... una habitación individual? |
| ... ein Zweibettzimmer? | ... una habitación doble? |
| ... mit Dusche/Bad? | ... con ducha/baño? |
| ... für eine Nacht? | ... para una noche? |

| | |
|---|---|
| ... für eine Woche? | ... para una semana? |
| ... ein ruhiges Zimmer? | ... una habitación tranquila? |
| Was kostet das Zimmer mit ... | ¿Cuánto cuesta la habitación con ... |
| ... Frühstück? | ... desayuno? |
| ... Halbpension? | ... media pensión? |

## PRAKTISCHE INFORMATIONEN

### Arzt

| | |
|---|---|
| Können Sie mir einen guten Arzt empfehlen? | ¿Puede usted indicarme un buen médico? |
| Ich habe hier Schmerzen. | Me duele aquí. |
| Ich habe ... | Tengo ... |
| ... Kopfschmerzen. | ... dolor de cabeza. |
| ... Zahnschmerzen. | ... dolor de muelas. |
| ... Durchfall. | ... diarrea. |
| ... Fieber. | ... fiebre. |

### Post

| | |
|---|---|
| Was kostet ... | ¿Cuánto cuesta ... |
| ... ein Brief ... | ... una carta ... |
| ... eine Postkarte ... | ... una postal ... |
| ... nach Deutschland? | ... para Alemania? |
| Eine Briefmarke, bitte. | Un sello, por favor. |

## ZAHLEN

| | | | |
|---|---|---|---|
| 0 | cero | 19 | diecinueve |
| 1 | un, uno, una | 20 | veinte |
| 2 | dos | 21 | veintiuno, -a, veintiún |
| 3 | tres | 22 | veintidós |
| 4 | cuatro | 30 | treinta |
| 5 | cinco | 40 | cuarenta |
| 6 | seis | 50 | cincuenta |
| 7 | siete | 60 | sesenta |
| 8 | ocho | 70 | setenta |
| 9 | nueve | 80 | ochenta |
| 10 | diez | 90 | noventa |
| 11 | once | 100 | cien, ciento |
| 12 | doce | 200 | doscientos, -as |
| 13 | trece | 1000 | mil |
| 14 | catorce | 2000 | dos mil |
| 15 | quince | 10000 | diez mil |
| 16 | dieciséis | | |
| 17 | diecisiete | 1/2 | medio |
| 18 | dieciocho | 1/4 | un cuarto |

Die Freiheit ...| **Finden!**

# MARCO ⊕ POLO

## www.marcopolo.de

# MARCO ⊕ POLO
www.marcopolo.de

Marco Polo Mobile Navigator
inkl. Pocket PC zu gewinnen!
www.marcopolo.de/postkarte

Stöbern erwünscht – auf marcopolo.de finden Sie über 10 000 Tipps zu den beliebtesten Reisezielen
Entdecken Sie Reportagen, aktuelle News, Bildergalerien, Gewinnspiele und vieles mehr. Planen Sie
Routen, rechnen Sie Währungen um oder machen Sie aus digitalen Bildern echte Abzüge – ganz einfach
auf www.marcopolo.de

Schneller grüßen?
Ganz einfach mit
E-Cards auf
www.marcopolo.de

# Reiseatlas Teneriffa

**Die Seiteneinteilung für den Reiseatlas finden Sie
auf dem hinteren Umschlag dieses Reiseführers**

Mit freundlicher Unterstützung von

kein urlaub ohne
holiday
autos

www.holidayautos.com

# total relaxed in den urlaub: einsteiger-übung

1. lehnen sie sich entspannt zurück und gleiten sie in gedanken zu den cleveren angeboten von holiday autos. stellen sie sich vor, als weltgrösster vermittler von ferienmietwagen bietet ihnen holiday autos

   - mietwagen in über 80 urlaubsländern
   - zu äusserst attraktiven preisen

2. vergessen sie jetzt die üblichen zuschläge und überraschungen. dank

   - alles inklusive tarife
   - wegfall der selbstbeteiligung
   - und min. 1,5 mio € haftpflichtdeckungssumme (usa: 1,1 mio €)

   steht ihr endpreis bei holiday autos von anfang an fest.

3. nehmen sie ganz ruhig den hörer, wählen sie die telefonnummer **0180 5 17 91 91** (12cent/min), surfen sie zu **www.holidayautos.com** oder fragen sie in ihrem reisebüro nach den topangeboten von holiday autos!

kein urlaub ohne
holiday
autos

# KARTENLEGENDE REISEATLAS

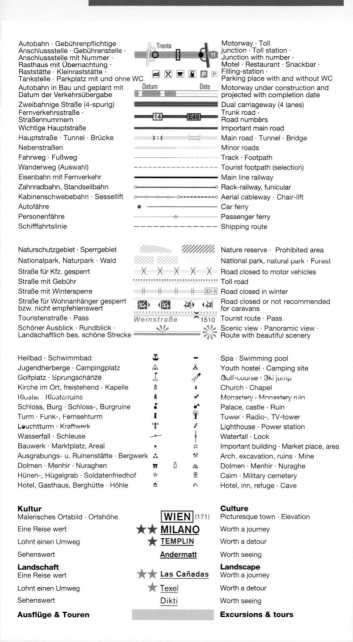

| | | |
|---|---|---|
| Autobahn · Gebührenpflichtige Anschlussstelle · Gebührenstelle · Anschlussstelle mit Nummer · Rasthaus mit Übernachtung · Raststätte · Kleinraststätte · Tankstelle · Parkplatz mit und ohne WC | | Motorway · Toll junction · Toll station · Junction with number · Motel · Restaurant · Snackbar · Filling-station · Parking place with and without WC |
| Autobahn in Bau und geplant mit Datum der Verkehrsübergabe | | Motorway under construction and projected with completion date |
| Zweibahnige Straße (4-spurig) | | Dual carriageway (4 lanes) |
| Fernverkehrsstraße · Straßennummern | | Trunk road · Road numbers |
| Wichtige Hauptstraße | | Important main road |
| Hauptstraße · Tunnel · Brücke | | Main road · Tunnel · Bridge |
| Nebenstraßen | | Minor roads |
| Fahrweg · Fußweg | | Track · Footpath |
| Wanderweg (Auswahl) | | Tourist footpath (selection) |
| Eisenbahn mit Fernverkehr | | Main line railway |
| Zahnradbahn, Standseilbahn | | Rack-railway, funicular |
| Kabinenschwebebahn · Sessellift | | Aerial cableway · Chair-lift |
| Autofähre | | Car ferry |
| Personenfähre | | Passenger ferry |
| Schifffahrtslinie | | Shipping route |

| | | |
|---|---|---|
| Naturschutzgebiet · Sperrgebiet | | Nature reserve · Prohibited area |
| Nationalpark, Naturpark · Wald | | National park, natural park · Forest |
| Straße für Kfz. gesperrt | | Road closed to motor vehicles |
| Straße mit Gebühr | | Toll road |
| Straße mit Wintersperre | | Road closed in winter |
| Straße für Wohnanhänger gesperrt bzw. nicht empfehlenswert | | Road closed or not recommended for caravans |
| Touristenstraße · Pass | | Tourist route · Pass |
| Schöner Ausblick · Rundblick · Landschaftlich bes. schöne Strecke | | Scenic view · Panoramic view · Route with beautiful scenery |

| | | |
|---|---|---|
| Heilbad · Schwimmbad | | Spa · Swimming pool |
| Jugendherberge · Campingplatz | | Youth hostel · Camping site |
| Golfplatz · Sprungschanze | | Golf-course · Ski jump |
| Kirche im Ort, freistehend · Kapelle | | Church · Chapel |
| Kloster · Klosterruine | | Monastery · Monastery ruin |
| Schloss, Burg · Schloss-, Burgruine | | Palace, castle · Ruin |
| Turm · Funk-, Fernsehturm | | Tower · Radio-, TV-tower |
| Leuchtturm · Kraftwerk | | Lighthouse · Power station |
| Wasserfall · Schleuse | | Waterfall · Lock |
| Bauwerk · Marktplatz, Areal | | Important building · Market place, area |
| Ausgrabungs- u. Ruinenstätte · Bergwerk | | Arch. excavation, ruins · Mine |
| Dolmen · Menhir · Nuraghen | | Dolmen · Menhir · Nuraghe |
| Hünen-, Hügelgrab · Soldatenfriedhof | | Cairn · Military cemetery |
| Hotel, Gasthaus, Berghütte · Höhle | | Hotel, inn, refuge · Cave |

**Kultur**
Malerisches Ortsbild · Ortshöhe — **Culture** Picturesque town · Elevation

Eine Reise wert — Worth a journey

Lohnt einen Umweg — Worth a detour

Sehenswert — Worth seeing

**Landschaft**
Eine Reise wert — **Landscape** Worth a journey

Lohnt einen Umweg — Worth a detour

Sehenswert — Worth seeing

**Ausflüge & Touren** — **Excursions & tours**

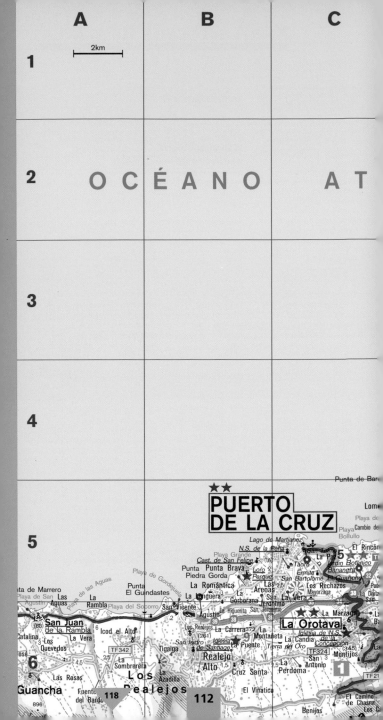

D  E  F

**1**
★Pun

ÁNTICO

Playa de
Piscinas Na
Punta Gotera
Punta del Fraile  Caleta del Arco
Milán
**2** Ba
TF13

la Barranquera
Lomo Rivera
Costa de  La Hondura
Valle de Guerra  Tejina
Valle de Guerra  Las
Tos
El Pico
3,5
2 El Cercado
Punta del Viento  4,5
462
La Bonifacia  Picacho de  El Socorro
El Pris  1,5  los Lazeros
Calle del Vino  TF16
Mesa  Puerto de  Garimba
del Mar  la Madera  2  El Infierno
Punta de la Mesa  654  El Portezuelo
San Juan  Tabares  Cruz Grande
Casas del Marqués  Los Perales  del
Playa del Camello  La  Guamasa
Guayonje  Caridad  Guamasa  TF152
Bahía de la Garañona  Adelantado  Lomo  12
★**Tacoronte**  3,5  Colorado  Cruz Chiquita  1,5 Aeropu
El Calcario  1,5 4447  Drago  Campo de Golf  Lus
El Cristo  Guía  El Rodeo  Aeropuerto
★**El Sauzal**  San  TF5  de Tenerife
Punta del Puertito  Nicolás  Los Naranjeros  Norte
Ermita de San Simón  Las  Piedras de  1,5
El Cangrejillo  Casas Altas  La Cuesta  Asomada
Punta Pesquero Alto  La Matanza  Tacoronte 2,5  El Valle  4,5
de Acentejo  El Sauzal
Caleta Salvaje  23  La  Ortigal de Abajo  TF2
Punta de Juan Blas  Montañeta  Agua García  Carril Alto
El Caletón  Cruz  Ortigal de Arriba  935
Ermita de San Diego  de Leandro  TF226  4
Punta del Sol  Las Cancelillas  Ravelo  Carboneras  Las
Caleta de la Negra  La Breña  8  Huerta Vicho  3,5
La Victoria  32 **La Matanza**  (949)  TF2
27  (513) de Acentejo ★**Madre**  La Esperanza  Lomo
TF217  **del**  Birmagen 943  Pelado
Guía San Antonio  **Agua**  1216
Santa  Cueva  Vista de la Huerta  Las Rosas
Úrsula  591  Labrada  Mirador
unta  29  Alfarería  Pico de las Flores  **El Rosari**
Iglesia  **La Victoria**  8  Preventorio Infantil
3  de Acentejo  Montaña Cabeza  Las Raíces  Las Barreras Mac
285)  Los Altos  Los Cercados  de Toro  **5**
**Santa Úrsula**  Tosca de Ana María  1500  Casa Las Señas
Las Lagunetas  Señora del R
La Corujera  Mirador  Barranco Hondo 582
le  **1**  Ortuño  Hondo  **Barranco Hondo**
El  7,5
La  Diablillo
ño  Ovejas  1747  23 3
1253  Gaitero Bosque de Lomo Chupadero
rida  TF24  Igueste
dida  1,5  8 Las Caletil
r o t a v a  Bodegas de  Guaya  Las Cale
Mirador  Chivisaya  2  Las Areni
les Cumbres  Araya  2,5  Playa de la
Rica  43  Candelaria
Los Órganos  **113**  **119**  Punta Larga
Los L  Las Cuevecitas  **9** Candelari

# A B C

## 1

2km

★ **Punta del Hidalgo**

Playa de los Troches

Punta Fajana    Punta Tamadite

Punta Poyat

Altagay Gaby

Punta
del Hidalgo

★★★ Chinamada 811

Tenejías

N.S

Roque de Taborno

707

Taborno    Casas
de Afur    Tag

Playa del Arenal

Piscinas Naturales

Punta Gotera

Las Carboneras

Batán de Abajo

## 2

Milán    Bajamar

765    El Peladero

Batán de Arriba

5,5

Roque Negro

TF13

Moguina

Las Casas
de la Cumbre

5    2,5

TF12

Tejina

Monte de
las Mercedes

Taborno

El Pico

Las
Toscas    **Tegueste**

Pedro Alvarez

Ermita
Cruz del Carmen

Mirador
Pico del Inglés ★★

El Cercado

462

cacho de
s Lazatos

El Socorro

El Palomar

1,5

Vega de las
Mercedes

Valle Grande

Valle Crispin

TF12

751

TF13

Español

755

Las Canteras

Roque de
la Fortaleza

Valle Vega

Bufa

## 3

El Infierno

El Portezuelo

Ermita de
San Diego

Ermita

Valle Gimenez

# LA LAGUNA

abara    Cruz Grande

amasa    TF152

Hoya Las Gavias
del Camello

La Concepción

Los
Campitos

Boca d
Valle

Ramonal    10

Vallesec

Ba

Cruz Chiquita  1,5

o de Golf

El Rodeo

Aeropuerto
de Tenerife
Norte

Aeropuerto
de los Rodeos

2,5

La Laguna

Santa
Domingo

N.S. de la Ermita
Concepción    Valle Gimenez
Catedral
Ermita
San Roque

★ SAN CRISTÓBAL

Valle
de Tabares

Barrio de
Club Nautic

Barria de
Cas de Paso
Puerto
San Francisco

Museo de C

## 4

de
Asomada

1,5

Ortigal de Abajo

TF24

Vivero del
Distrito
Forestal

Valle de Colín

La
Higuerita

149

## 8

2,5

5

Parque
Municipal

Plaza de
Toros

SAN

DE TE

RACE

Los Baldíos

Guamar
Las Chumberas

San Bartolome
de Geneto

TF180

La Cuesta

6,5

San Miguel
de Geneto

Vista Bella
Facultad

Barriada del General

García Escáez
Sanatorio Semi

(5)

Punta
Maragallo

## 4

938

Carboneras

Las Galeras

7

Las
Chumberas

La Cuesta
de Otra

Taco

2,5

sierra

Birmagen

Lomo    943
Pelado

TF272

Llano
del Moro

Sobradillo

Grande

Taco
1,5

1,5

Taco
Mayorazgo/Otra

Barrio de Chamberi

Barrio de Chamberí

Las Rosas

El Tablero

Barranco
Grande

TF 2

3

Barranco Grande

## 5

# El Rosario

eventorio Infantil

Santa Maria del Mar

Santa Maria del Mar

1,5

Playa del Muerto
Añaza Punta de la Encendida

Punta Pachona

eñas

Las Barreras    Machado

La Suerte
del Espino

El Pilar
San
Isidro

Nuestra

582    Señora del Rosario

TF28

Tabaiba

Playa Berruguete

Playa de la Nea

5    Radazul

Barranco Hondo

TF 1

Tabaiba

Urbanización Radazul
⚓ Punta de Guadamojete

Barranco Hondo

# O C É A

## 23  3

Igueste

Punta del Morro

1,5

## 6

6 Las Caletillas

Las Caletillas
Playa de las Caletas

Las Arenitas

Playa de las Arenas

Candelaria

Punta Larga    **119**

**114**

Candelaria

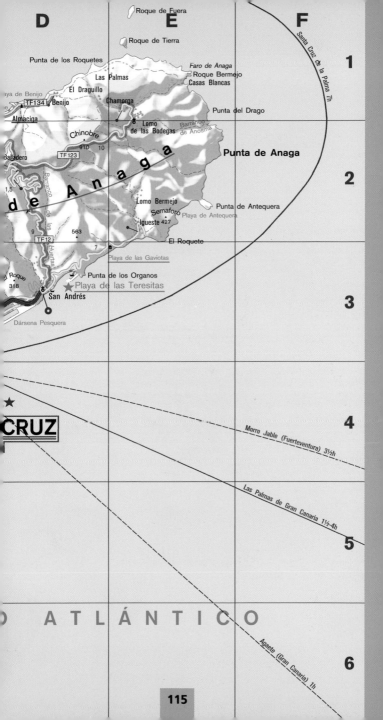

Roque de Fuera

Roque de Tierra

Punta de los Roquetes

Las Palmas

El Draguillo

Playa de Benijo

TF134 Benijo

Almaciga

Chinobre

Bailadero

910 10

TF 123

1,5

de A n a g a

Barranco de las Huertas

9 TF12

563

Roque

318

San Andrés

Dársena Pesquera

Chamorga

Lomo de las Bodegas

Faro de Anaga
Roque Bermejo
Casas Blancas

Punta del Drago

Barranco de Anosma

**Punta de Anaga**

Lomo Bermejo

Semaforo
Igueste 427

Punta de Antequera

Playa de Antequera

El Roquete

7

Playa de las Gaviotas

Punta de los Organos

Playa de las Teresitas

D

E

F

1

2

3

4

5

6

Santa Cruz de la Palma 7h

**CRUZ**

Morro Jable (Fuerteventura) 3½h

Las Palmas de Gran Canaria 1½-4h

Agaete (Gran Canaria) 1h

O A T L Á N T I C O

115

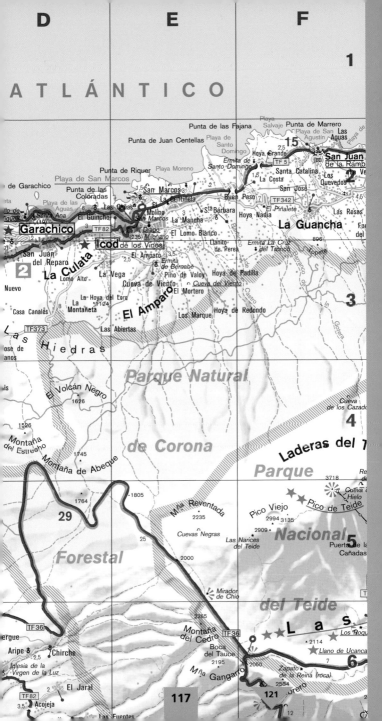

**1**

**ATLÁNTICO**

Punta de las Fajana

Playa Salvaje   Punta de Marrero

Punta de Juan Centellas

Playa de San Agustín   Las Aguas

Playa de Santo Domingo

**15**

Playa Moreno

Ermita de Santo Domingo

Hoya Grande   Santa Catalina

TF 5

San Juan de la Rambl

Punta de Riquer   Playa de las

La Costa   66

Vel

de Garachico

Playa de San Marcos

**San Marcos**

La Centinela

Buen Paso

San José

Los Quevedos

**2**

4,5

Punta de las Coloradas

Molino San Marcos

Sta Bárbara

El Pinalete

Las Rosas

Playa de las Aguas

Las Cañas

El Guincho

La Mancha

Hoya Nadia

**La Guancha**

Fue del

Santa Ana

**Garachico**

TF 82

Drago (235) Milenario

El Lomo Blanco

Ermita La Cruz del Tronco

896

**Icod** de los Viños

Llanito de Perea

Topete

**2**

San Juan del Reparo

**La Culata**

Lomo Alto

El Amparo

Ermita de Bernabé

Pino de Valoy

Hoya de Padilla

**3**

La Vega

Cueva de Viento

Cueva del Viento

El Mortero

Nuevo

Casa Canales

La Hoya del Toro 1124

La Montañeta

**El Amparo**

Los Marque

Hoya de Redondo

la Gotera

Las Abiertas

**L**

**a**

**s** TF373

**H i e d r a s**

ose de anos

**Parque Natural**

El Volcán Negro

1626

Cueva de los Cazad

**4**

1526

**de Corona**

**Montaña del Estrecho**

1745

**LADERAS DEL 1**

is

1764

1805

**Montaña de Abeque**

**Parque**

Re

3718

Cueva Hielo

**29**

Mña. Reventada

2235

Pico Viejo

Pico de Teide

25

Cuevas Negras

2994 3135

Las Narices del Teide

2909

**Nacional**

**5**

2000

Puerto de la Cañadas

**Forestal**

Mirador de Chío

**del Teide**

2265

ergue

TF36

Aripe

2,5

Chirche

Iglesia de la Virgen de la Luz

2

El Jaral

TF82

3,5

Acojeja

Montaña del Cedro

TF36

Boca del Tauce

2195

**L a s**

2114

Los Roqu

Llano de Ucanca

7

**6**

2050

Zapato de la Reiña (roca)

2534

Mña Gangarro

121

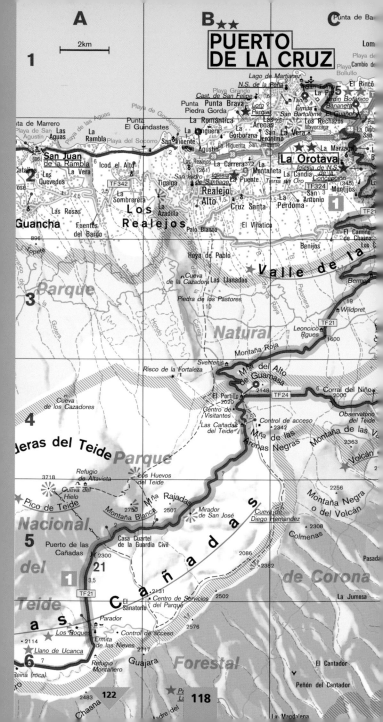

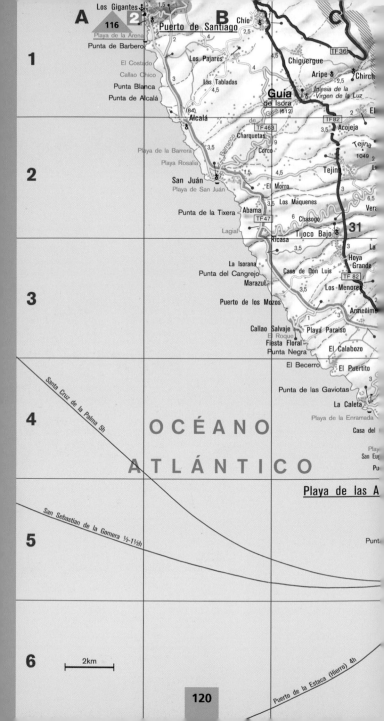

A **116 2** B C

Los Gigantes
1.5
Puerto de Santiago
Chio
Playa de la Arena
2.5
Chiguergue
TF 36
Punta de Barbero
Los Pajares
4
1.5
Aripe
Chirch
El Costado
2.5
Callao Chico
Las Tabladas
Iglesia de la
Virgen de la Luz
Punta Blanca
4.5
**Guía**
de Isora
(612)
2
Punta de Alcalá
3
(84)
**Alcalá**
de
TF 82
El
Barranco
TF 463
3.5
Acojeja
Charquetas
9
Tejina
Playa de la Barrera
3.5
Corco
1049
Playa Rosalía
1.5
Tejina
Tejina
**San Juán**
4.5
Li
Playa de San Juán
El Morro
3
6.5
3.5
Los Maquenes
Vera
Punta de la Tixera
**Abama**
6
Chasogo
TF 47
Tijoco Bajo
**31**
Lagial
**Ricasa**
3
La
3.5
La
**Hoya
Grande**
La Isorana
Casa de Don Luis
TF 82
Punta del Cangrejo
**Marazul**
3.5
Los Menores
Puerto de los Mozos
Armeñime
1
Callao Salvaje
Playa Paraíso
El Roque
Fiesta Floral
El Calabozo
Punta Negra
El Becerro
El Puertito
Punta de las Gaviotas
3
La Caleta
Playa de la Enramada
Casa del
**4**
**O C É A N O**
Santa Cruz de la Palma 5h
Play
San Eug
Pu
**A T L Á N T I C O**
Playa de las A
San Sebastián de la Gomera ½-1½h
**5**
Punt
**6**
2km
**120**
Puerto de la Estaca (Hierro) 4h

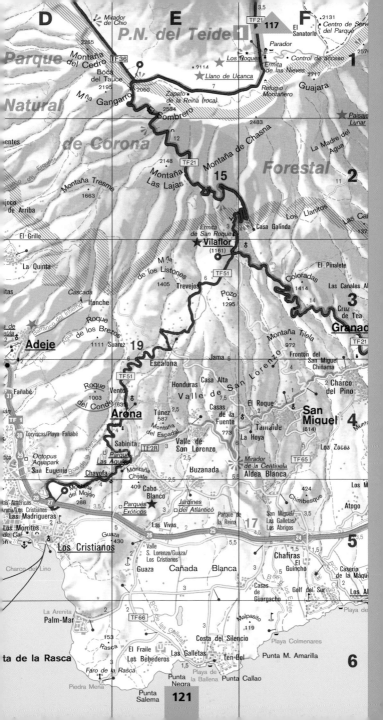

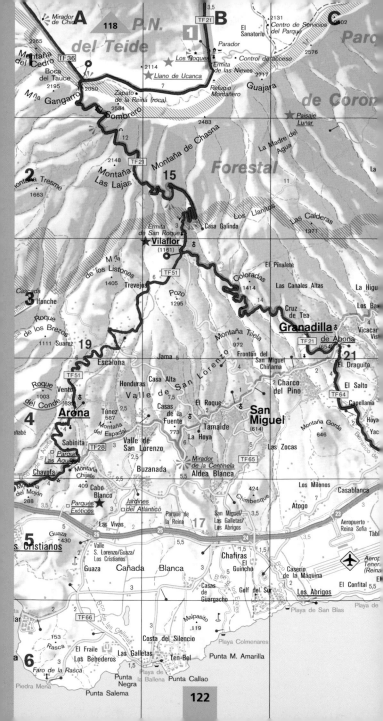

# total relaxed in den urlaub:
# übung für fortgeschrittene

1. schliessen sie die augen und denken sie intensiv an das wunderbare wort „ferienmietwagen zum alles inklusive preise". stellen sie sich viele extras vor, die bei holiday autos alle im preis inbegriffen sind:

- unbegrenzte kilometer
- haftpflichtversicherung mit min. 1,5 mio €uro deckungssumme (usa: 1,1 mio €uro)
- vollkaskoversicherung ohne selbstbeteiligung
- kfz-diebstahlversicherung ohne selbstbeteiligung
- alle lokalen steuern
- flughafenbereitstellung
- flughafengebühren

2. atmen sie tief ein und lassen sie vor ihrem inneren auge die zahlreichen auszeichnungen vorbeiziehen, die holiday autos in den letzten jahren erhalten hat.

sie buchen ja nicht irgendwo.

3. nehmen sie ganz ruhig den hörer, wählen sie die telefonnummer **0180 5 17 91 91** (12cent/min), surfen sie zu **www.holidayautos.com** oder fragen sie in ihrem reisebüro nach den topangeboten von holiday autos!

kein urlaub ohne
holiday autos

# MARCO ⊕ POLO

## Für Ihre nächste Reise gibt es folgende Titel:

### Deutschland

Allgäu
Amrum/Föhr
Bayerischer Wald
Berlin
Bodensee
Chiemgau/
   Berchtesgaden
Dresden/
   Sächsische
   Schweiz
Düsseldorf
Eifel
Erzgebirge/
   Vogtland
Franken
Frankfurt
Hamburg
Harz
Heidelberg
Köln
Lausitz/Spreewald/
   Zittauer Gebirge
Leipzig
Lüneburger Heide/
   Wendland
Mark Brandenburg
Mecklenburgische
   Seenplatte
Mosel
München
Nordseeküste
   Schleswig-
   Holstein
Oberbayern
Ostfriesische
   Inseln
Ostfriesland
   Nordseeküste
   Niedersachsen
Ostseeküste
   Mecklenburg
   Vorpommern
Ostseeküste
   Schleswig-
   Holstein
Pfalz
Potsdam
Rügen
Ruhrgebiet
Schwarzwald
Stuttgart
Sylt
Thüringen
Usedom
Weimar

### Österreich
### Schweiz

Berner Oberland/
   Bern
Kärnten
Österreich
Salzburger Land
Schweiz
Tessin
Tirol
Wien
Zürich

### Frankreich

Bretagne
Burgund
Côte d'Azur
Disneyland Paris
Elsass
Frankreich
Französische
   Atlantikküste
Korsika
Languedoc/
   Roussillon
Loire-Tal
Normandie
Paris
Provence

### Italien
### Malta

Apulien
Capri
Dolomiten
Elba/Toskanischer
   Archipel
Emilia-Romagna
Florenz
Gardasee
Golf von Neapel
Ischia
Italien
Italienische Adria
Italien Nord
Italien Süd
Kalabrien
Ligurien
Mailand/
   Lombardei
Malta
Oberitalienische
   Seen
Piemont/Turin
Rom
Sardinien
Sizilien
Südtirol
Toskana
Umbrien
Venedig
Venetien/Friaul

### Spanien
### Portugal

Algarve
Andalusien
Barcelona
Costa Blanca
Costa Brava
Costa del Sol/
   Granada
Fuerteventura
Gran Canaria
Ibiza/Formentera
La Gomera/
   El Hierro
Lanzarote
La Palma
Lissabon
Madeira

Madrid
Mallorca
Menorca
Portugal
Spanien
Teneriffa

### Nordeuropa

Bornholm
Dänemark
Finnland
Island
Kopenhagen
Norwegen
Schweden
Südschweden/
   Stockholm

### Westeuropa
### Benelux

Amsterdam
Brüssel
England
Flandern
Irland
Kanalinseln
London
Luxemburg
Niederlande
Niederländische
   Küste
Schottland
Südengland

### Osteuropa

Baltikum
Budapest
Kaliningrader
   Gebiet
Masurische Seen
Moskau
Plattensee
Polen
Prag
Riesengebirge
Rumänien
Russland
Slowakei
St. Petersburg
Tschechien
Ungarn

### Südosteuropa

Bulgarien
Kroatische Küste/
   Dalmatien
Kroatische Küste/
   Istrien/Kvarner
Slowenien

### Griechenland
### Türkei

Athen
Chalkidiki
Griechenland
   Festland

Griechische
   Inseln/Ägäis
Istanbul
Korfu
Kos
Kreta
Peloponnes
Rhodos
Samos
Santorin
Türkei
Türkische
   Südküste
Türkische
   Westküste
Zakinthos
Zypern

### Nordamerika

Chicago und
   die Großen Seen
Florida
Hawaii
Kalifornien
Kanada
Kanada Ost
Kanada West
Los Angeles
New York
San Francisco
USA
USA Neuengland/
   Long Island
USA Ost
USA Südstaaten
USA Südwest
USA West
Washington D.C.

### Mittel- und
### Südamerika

Argentinien
Brasilien
Chile
Costa Rica
Dominikanische
   Republik
Jamaika
Karibik/
   Große Antillen
Karibik/
   Kleine Antillen
Kuba
Mexiko
Peru/Bolivien
Venezuela
Yucatán

### Afrika
### Vorderer
### Orient

Ägypten
Djerba/
   Südtunesien
Dubai/Emirate/
   Oman
Israel

Jemen
Jerusalem
Jordanien
Kenia
Marokko
Namibia
Südafrika
Syrien
Tunesien

### Asien

Bali/
   Lombok
Bangkok
China
Hongkong/
   Macau
Indien
Japan
Ko Samui/
   Ko Phangan
Malaysia
Nepal
Peking
Phuket
Rajasthan
Shanghai
Singapur
Sri Lanka
Thailand
Tokio
Vietnam

### Indischer
### Ozean
### Pazifik

Australien
Hawaii
Malediven
Mauritius
Neuseeland
Seychellen
Südsee

### Englische
### Ausgaben

Berlin
Hamburg
Munich

### Sprachführer

Arabisch
Englisch
Französisch
Griechisch
Italienisch
Kroatisch
Niederländisch
Norwegisch
Polnisch
Portugiesisch
Russisch
Schwedisch
Spanisch
Tschechisch
Türkisch
Ungarisch

Im Register sind alle in diesem Führer erwähnten Orte, Ausflugsziele und Strände verzeichnet. Halbfette Seitenzahlen verweisen auf den Haupteintrag, kursive auf ein Foto.

Acentejo 17
Adeje 80f.
Aguamansa **37**, 86
Alcalá 81
Anaga-Gebirge s. Montañas de Anaga
Aquapark Tenerife 97
Arafo 66
Araya 25, 64
Arguayo 23, 31, 88
Arico **66**, 92
Arona 70, 97
Bajamar **45f.**, 56
Bananera El Guanche 43
Barranco del Infierno 81, 92
Buenavista del Norte 28, **30**, 88
Camel Park 71
Camello Center 32
Candelaria 15, 17, 25, *62*, **63f.**
Chinamada 46
Costa del Silencio 69, **73**
Cueva del Viento 33
Cumbre Dorsal 45, **48f.**, 61, 66, 91
Deutsche Schule 95
Drago Milenario 32, 89
El Amparo 33
El Cabezo 93
El Laguillo 97
El Médano 67, **74f.**, *90*, 93, 100
El Portillo 61, 87
El Puertito 66
El Sauzal 56f.
El Tanque **32**, 89
Fasnia 66f.
Garachico 8, **27ff.**, 89
Gran Canaria 48, **55**, 87

Granadilla (de Abona) 25, **67**
Guamasa 48
Guaza 72
Güímar 64ff.
Guía de Isora 69, 78, **83**, 100
Huevos del Teide 61
Icod de los Vinos 14, **32ff.**, 89
Icor 66
Isla Baja 8, 27
Izaña 91
Keops 97
La Caldera 86
La Caleta 32, 78, **81**
La Esperanza 48, 87
La Fortaleza 60
La Gomera **73f.**, 82
La Guancha 33
La Jaquita 93
La Laguna 8f., 13, 24f., 45, **46ff.**, 50, 87, 96, 99f.
La Matanza de Acentejo **56**, 57
La Orotava 11, 13, 23, 25, **34ff.**, 59, 85f., 92, 102
La Quinta Roja 56
La Vera 43
La Victoria de Acentejo 57
Lago de Martiánez *26*, 42, **95f.**
Las Aguas 34
Las Cañadas (del Teide) 16, 59ff.
Las Galletas 73, 92, 100
Lavas Negras 59
Lido San Telmo 95
Llano de los Loros 50
Llano de Ucanca 60

Loro Parque 96
Los Abrigos 72, **73**, 74, 92
Los Azulejos 60
Los Cristianos 10, 25, 63, **69ff.**, 78, 92, 95, 97, 99ff.
Los Gigantes 77, **82f.**, 88, 95, 97, 101
Los Morritos 75, 77
Los Realejos 25, 37, **43**
Los Roques s. Roques de García
Los Silos 28, **32**
Macizo de Teno 27, **30**, *31*, *84*, 87f.
Masca 13, 30, **31**, 77, 88, *93*
Mesa del Mar 56
Montaña Blanca 59, 61
Montaña Mostaza 59
Montaña Negra 8, 27, 89
Montaña Rajada 60
Montaña Roja 74, 100
Montañas de Anaga 9, 30, 45, **49f.**, 92f.
Observatorio del Teide *16*, 49, **61**
Paisaje Lunar 67, 91
Parque Las Águilas 97
Parque Marítimo C. Manrique 97
Parque Nacional del Teide 37, 48, *58*, **59ff.**, 83, 87, 92
Pico del Inglés 50

Pico del Teide 7, *9*, *16*, 42, *49*, **59ff.**, 87, 89
Pico Viejo 59f.
Pino Gordo 67
Pirámides de Güímar *64*, 65
Planet Pinguin 96
Playa de Benijo 93
Playa de Bollullo 42
Playa de Candelaria 64
Playa de Fañabé 76, **79**
Playa de Montaña Amarilla 100
Playa de San Juan 81
Playa de San Marcos 34
Playa de Troja 78
Playa de la Arena *82*, **83**, 100
Playa de la Jaquita 75
Playa de la Tejita 74
Playa de las Américas 10, 38, *68*, 69, 73, **75ff.**, 91ff., 99ff.
Playa de las Gaviotas 100
Playa de las Teresitas 50, **55**, 100
Playa de las Vistas 73, 80
Playa de los Cristianos 71, **72f.**
Playa de los Guíos 83
Playa del Cabezo 74
Playa del Camisón 76, **78**
Playa del Duque 75, **78**

Playa del Socorro 93
Playa Jardín 38, **42**, 95
Playa La Pinta 78
Playa Martiánez 38, **42**, 96
Playa Médano 74
Playa Paraiso 92
Playa Punta Brava 93, 96
Porís de Abona 67
Pueblo Chico 43
Puerto Colón 77f.
Puerto de la Cruz 10, 25, 27, 33f., **37ff.**, 85, 87, 92f., 95, 98ff.

Puerto de Santiago 31, 69, **81ff.**, 88f., 97, 99, 101
Punta Brava 93, 96
Punta del Hidalgo 38, **45f.**, 50
Punta de Teno 28, 89
Rambleta 61
Ranilla 41
Reina Sofía (Flughafen) 67, 99
Roques de García 9, **60**, 87
Roque de los Dos Hermanos 46
San Andrés 55f.

San Eugenio (Alto) 75, 77f., 97, 101
San José 32
San Juan de la Rambla **33f.**
San Marcos 34
Santa Cruz (de Tenerife) 8, 11, 13, 24f., *44*, 45f., 49, **50ff.**, 60, 63, 92f., 98ff.
Santa Úrsula 43, **56**
Santiago del Teide 23, 30, **31f.**, 88
Sky Park 77f., **97**
Tacoronte 17, 48, **56f.**, 92

Taganana 50
Teide s. Pico del Teide
Tenerife Nord (Flughafen) 99
Teno-Gebirge s. Macizo de Teno
Torviscas (Bajo) 78, 97
Valle de Guerra 57
Valle de la Orotava 9, 17, 27, 34, 37, 42f., 85, 92
Valle de las Piedras Arrancadas 59
Vilaflor 49, **67**, 91

## Schreiben Sie uns!

**Liebe Leserin, lieber Leser,**

wir setzen alles daran, Ihnen möglichst aktuelle Informationen mit auf die Reise zu geben. Dennoch schleichen sich manchmal Fehler ein – trotz gründlicher Recherche unserer Autoren/innen. Sie haben sicherlich Verständnis, dass der Verlag dafür keine Haftung übernehmen kann. Wir freuen uns aber, wenn Sie uns schreiben.

Senden Sie Ihre Post an die MARCO POLO Redaktion, Mairs Geographischer Verlag, Postfach 31 51, 73751 Ostfildern, marcopolo@mairs.de

## Impressum

Titelbild: Nordküste mit Orotavatal und Teide (Huber: R. Schmidt)
Fotos: O. Baumli (25); R. Hackenberg (5 o., 6, 16, 27, 49, 51, 64); HB Verlag: Schwarzbach/Schröder (4, 35, 44, 55, 69, 79, 84, 89, 93, 98); Huber: Schmidt (109); G. Jung (5 u., 90); laif: Heuer (U. l., U. r., 7, 28), Tophoven (U. M., 1, 2 u., 53, 72, 74, 77, 83), Ulutuncok (96); Mauritius: Pigneter (10); D. Renckhoff (2 o., 22, 24, 26, 31, 40, 42, 94); O. Stadler (9); White Star (15); W. Storto (58, 68); E. Wrba (12, 18, 20, 32, 62, 86)
**4. (12.), aktualisierte Auflage 2005** © Mairs Geographischer Verlag, Ostfildern
Herausgeber: Ferdinand Ranft, Chefredakteurin: Marion Zorn
Redaktion: Arnd M. Schuppius, Bildredakteurin: Gabriele Forst
Kartografie Reiseatlas: © Mairs Geographischer Verlag/Falk Verlag, Ostfildern
Gestaltung: red.sign, Stuttgart
Sprachführer: in Zusammenarbeit mit Ernst Klett Sprachen GmbH, Stuttgart, Redaktion PONS Wörterbücher
Printed in Germany. Gedruckt auf 100% chlorfrei gebleichtem Papier

# Bloß nicht!

### An Werbefahrten teilnehmen

Immer wieder werden arglose Touristen von Prospektverteilern geködert, an kostenlosen Inselrundfahrten mit Einladung zu Kaffee und Kuchen teilzunehmen. Dabei werden den Gutgläubigen bei so genannten Infoshows überteuerte, minderwertige Waren wie Rheumadecken aufgedrängt. Halten Sie sich von solchen Exkursionen fern!

### Wertsachen offen liegen lassen

Häufig werden Mietwagen aufgebrochen und Wertsachen am Strand oder im Hotel gestohlen. Lassen Sie daher nichts im Auto, auch nicht im Kofferraum. Ebenso sollten Sie keine Wertsachen unverschlossen im Hotelzimmer oder Apartment liegen lassen. Besser in den Safe damit oder an der Rezeption abgeben. Das gilt auch für den Zimmerschlüssel.

### Getrennt bezahlen

Wer nach gemeinsamem Restaurantbesuch auf der bei uns üblichen getrennten Bezahlung von Speisen und Getränken besteht, erntet auf den Kanaren Unverständnis. Hier ist man es gewohnt, dass einer für alle bezahlt. Machen Sie es also dem Kellner leichter. Heute zahlen Sie, morgen Ihre Freunde.

### Timesharing nutzen

Aggressive Werber versuchen, Urlauber mit dem Modell des »Wohnens auf Zeit« zu locken. Timesharing rechnet sich aber lediglich für den Verkäufer. Die Nutzungsrechte sind stark eingeschränkt, hinzu kommen hohe Nebenkosten. Der Verkäufer darf keine Anzahlung verlangen, und ein Gesetz gibt dem Käufer das Recht, den Vertrag innerhalb von zehn Tagen nach Unterzeichnung ohne Begründung zu kündigen.

### Alternative Briefmarken kaufen

Private Anbieter verkaufen Marken, ohne den Kunden zu erklären, dass diese nur gelten, wenn die Sendung in spezielle Briefkästen eingeworfen wird. Findet die Post die Briefe in ihren gelben Kästen, wirft sie sie einfach weg. Lassen Sie daher lieber die Finger davon und gehen direkt zur Post.

### Sich abzocken lassen

Brot gehört in Spanien zu jedem Essen. Früher war das umsonst. Heute wird es kommentarlos auch ohne Bestellung serviert … und dann wird kassiert. Wenn Sie berechtigterweise unzufrieden sind, verlangen Sie die *hojas de reclamación (Beschwerdeblätter),* die jedes Restaurant haben muss und die vom Staat kontrolliert werden, um Ihre Kritik aufzuschreiben.